游戏成瘾只是一个表面现象，一个孩子是否会成瘾，关键在于父母能否满足孩子的心理需要，按照孩子的成长规律来养育孩子，给予正确的关爱和管教。本书拨开了青少年网络成瘾的迷雾，直接从家庭教育角度，分析本质原因，并且给父母提供了切实有效的指导和建议。

——方晓义　北京师范大学心理学部教授　教育部长江学者特聘教授

这本书值得深陷育儿困惑的家长阅读。作者作为北师大教师既有相关理论思考和研究，又从事专业的心理咨询多年，颇具经验。所得从实践中来，定能对实践有益。

——贺春兰　人民政协报《教育在线周刊》主编

作者专业功底扎实，将心理咨询和治疗的理念巧妙运用于亲子教育，帮助家长在理解孩子的基础上，发展出有效引导孩子合理使用手机和电脑的方法，以预防孩子游戏成瘾，相信会对现代社会中的父母大有裨益。

——方新　北京大学心理咨询与治疗中心主任

在这本书里，每一对父母都可以看到自己的影子。读完这本书，你不仅更能理解孩子，也更能理解自己。

——简里里　简单心理创始人兼CEO

作者在儿童青少年网络使用领域进行了长期的研究，积累了丰富的实践经验，将科研成果有效运用于实践工作，既具有科学性和指导性，也回应了当下父母最关心的问题，让广大父母和青少年受益。

——张锦涛　北京师范大学心理学部副教授

这是一本让你忍不住一口气读完的书。作者既是中国顶尖高校的教师，又从事专业的心理咨询多年，但写作风格非常接地气，有理有据又生动，可以看出作者写这本书花了很多心血。我相信只有拥有真心关爱孩子的心，才能打动读者。

——程雪　童趣时光亲子俱乐部创始人

本书按不同年龄阶段呈现案例，根据不同年龄阶段孩子的心理发展特点，给予父母更有针对性的建议，非常便于父母阅读，相信很多父母都可以从中获益。

——刘朝莹 亲子教育专家

这不仅是一本网络和游戏成瘾的预防指南，实际上更是一本常见育儿难题的解决大全。每个年龄段让人困扰的育儿问题，都可以从书中找到举一反三的实用方法。

——王小艾 亲子专栏作者

非常幸运可以很早读到这本书，不仅快速解决了我家孩子爱玩手机的问题，并且帮助我增进了和孩子的关系。我想跟千千万万的父母说，越早读这本书，你越能轻松应对孩子的成长，加油！

——陈洁 热心读者

读到这本书，恰是我从事游戏研究的第十年整，这本书正是关于游戏的社会态度的变化的绝佳展现。从"游戏成瘾"到"别让游戏毁了孩子"，这其中的进展，正体现了我们开始正视游戏的价值，并力图因势利导，看到其中比较积极的部分。这本书的观点，是国际游戏研究界长久以来的观点：游戏是中性的媒介，可以积极利用。我一直认为游戏之力，宛如大禹所治之水，既可以一漫而冲天下，亦可为人类服务，但关键点在于要疏，而非堵。这本书从婴儿写到青少年，针对不同阶段给父母准备了相应的指导方案，此书的两位作者亦在心理学领域耕耘多年，我相信他们的建议会对广大家长有帮助、有裨益。希望这本书只是一个开始，而未来我们能有越来越多的同类书籍，帮助家长和教育者正确认识游戏，引导孩子健康成长。

——中华电子游戏研究协会（Chinese DiGRA）副会长，游戏与社会研究协会会长、国内第一门游戏研究与游戏化课程讲师 刘梦霏

孩子玩游戏，父母怎么办？
别让游戏毁了孩子一生

"坏"父母：
逃避？失控？紧绷？大吼大叫……

"好"父母：
轻推，帮孩子消除游戏焦虑，塑造成长自信

夏翠翠　申子姣 / 著

北京大学出版社
PEKING UNIVERSITY PRESS

内 容 提 要

为了方便各个年龄阶段的父母阅读，我们选择按不同的年龄阶段来展开叙述，包括婴儿、幼儿、小学、中学和大学五个阶段。在案例解析中，我们首先呈现了各阶段孩子的心理发展特点、家庭教育的主要目的和游戏的正确"打开方式"；接着进行专业的点评和分析，给父母提出切实可行的教育建议，各个阶段的结尾都总结了适合该年龄阶段孩子玩的游戏和亲子活动；最后介绍了导致孩子游戏成瘾的家庭有哪些特征，以帮助家长反思。在这些基础上，我们还提出了亲子教育的总体原则及对应的父母自我提升方法。

本书既是一本帮助家长引导孩子健康使用网络、正确对待游戏的书，也是一本关于亲子教育的书，希望可以在教育孩子方面给父母带来一些启发。

图书在版编目(CIP)数据

孩子玩游戏，父母怎么办？：别让游戏毁了孩子一生 / 夏翠翠，申子姣著. 一北京：北京大学出版社，2018.2
ISBN 978-7-301-28776-7

Ⅰ.①孩… Ⅱ.①夏… ②申… Ⅲ.①家庭教育 Ⅳ.①G78

中国版本图书馆CIP数据核字(2017)第229361号

书　　　名	孩子玩游戏，父母怎么办？——别让游戏毁了孩子一生 HAIZI WAN YOUXI, FUMU ZENMEBAN?
著作责任者	夏翠翠　申子姣　著
责任编辑	尹　毅
标准书号	ISBN 978-7-301-28776-7
出版发行	北京大学出版社
地　　　址	北京市海淀区成府路205号　100871
网　　　址	http://www.pup.cn　新浪微博：@北京大学出版社
电子信箱	pup7@pup.cn
电　　　话	邮购部 62752015　发行部 62750672　编辑部 62580653
印　刷　者	北京大学印刷厂
经　销　者	新华书店
	787毫米×1092毫米　32开本　9.5印张　彩插1　161千字 2018年2月第1版　2018年2月第1次印刷
印　　　数	1—8000册
定　　　价	48.00元

未经许可，不得以任何方式复制或抄袭本书之部分或全部内容。
版权所有，侵权必究
举报电话：010-62752024　电子信箱：fd@pup.pku.edu.cn
图书如有印装质量问题，请与出版部联系，电话：010-62756370

| 前言 |

我们所处的时代

这样的场景你一定很熟悉：去朋友家玩，你在和大人说话，小孩子在旁边捣乱，父母通常会给孩子一个手机或者平板电脑，调出孩子爱看的动画片或者是爱玩的游戏；大人聚会，孩子们聚在一起看某个孩子玩游戏，大人们各自刷看自己的手机。

每个时代都有每个时代的特征，目前我们正在经历以互联网全球化普及为重要标志的第四次工业革命，它让我们的工作、学习和生活都发生了巨大的变化。我们来看一组数据，中国互联网络信息中心发布的《2015年中国青少年上网行为研究报告》中指出，截至 2015 年 12 月，中国青少年（6~25岁）网民规模已达到 2.87 亿，占中国青少年人口的 85.3%，远高于全国整体网民互联网普及率（50.3%）。青少年网民使用手机上网的比例达到 90%，使用台式电脑和笔记本电脑上网的分别为 69%和 39.5%；

平均每周上网时长为 26 小时，其中网络游戏的使用率为66.5%，高于网民总体水平。中国未成年网民（小于18岁）规模为 1.34 亿人，未成年网民在家里使用电脑上网的比例为 95.1%，明显高于青少年网民的总体水平。除网络游戏使用率达到 69.2%以外，未成年网民的其他网络应用使用率均低于青少年网民整体水平，这说明大部分的未成年人使用网络都是在玩游戏。

庞大的网络游戏使用群体带来了数量不小的、潜在的游戏成瘾群体，这成为青少年学业荒废甚至辍学最主要的原因，也是家庭矛盾和冲突的重要诱因。

巨大的潜在游戏成瘾群体带来的社会问题、引发的家庭矛盾日趋严重，也引起了心理学研究者和实践者、教育工作者和家长们强烈的关注。作为心理咨询师，我在咨询中也接触到一部分案例，但主动来访的孩子并不占多数，因为游戏成瘾或者成瘾倾向的青少年往往求助动机比较弱，更多是由焦虑的家长来访，或者是劝导来访，甚至强行将孩子带来咨询。

治疗乱象

由于游戏成瘾是随着时代发展而产生的新事物，目前国内外医学界对游戏成瘾的界定和诊断还未完善，故在国内对于网络成瘾或游戏成瘾的诊断和治疗也是乱象丛生。一些青少年因为玩游戏的时间长就被诊断为"游戏成瘾";不少由亲子关系引发的青少年玩游戏群体也被诊断为"游戏成瘾";一些机构借机打着"治疗网瘾"的幌子招揽生意……焦虑的家长在这个时候也容易病急乱投医,把孩子送到"军事化"管理的"戒网瘾学校",以为把孩子送去接受"教育"回来孩子就好了。事实上,关于这些学校的各种问题在新闻中已有报道,这样做不仅没有戒除网瘾,还会让孩子再次受创,甚至会将孩子推向深渊。不过有个好消息是,近期世界卫生组织(WHO)将游戏障碍(即通常所说的游戏成瘾)首次在全球范围内列入国际疾病分类(ICD)精神与行为障碍章节。这将为未来游戏成瘾的诊断和治疗提供更为科学和规范的依据。

下面是澎湃新闻网2016年9月22日的一则名叫"戒网瘾学校:1年3万各种'黑暗体罚'"的新闻报道。

从2016年2月26日被"设套"抓进学校,16岁的黑龙江女孩陈欣然便开始了梦魇般的生活,这个名为山东科技防卫专修学院的地方成了她人生中"恐怖、自私、失格的牢笼"。

四个月后,她离开了这所标榜为"问题少年纠偏"的学校。

记者发现,在她离校后写的日志中,清晰记录了她被抓入校及之后的过程,包括学校教官动辄体罚打骂学生,甚至还要对着便池吃饭。

……

山东科技防卫专修学院的官网介绍称:"1996年诚信办学,科学施教,已成功帮助7000多名青少年走出成长困扰。济南市教育局唯一登记注册的一家专业戒网瘾学校,目前在校生580多人。"

……

游戏真的是电子海洛因吗?

游戏成瘾可怕吗?有的家长谈游戏色变,有的老师甚至把游戏称为"电子海洛因",不让孩子触碰。我们需要从两个方面看这个问题。一方面,游戏成瘾可怕,在近几年兴起的脑机制研究中,科学家发现游戏成瘾和物质成瘾有着相同的脑机制,这也是为什么有的学者倾向于用"游戏成瘾"这个概念,而不是游戏依赖。但另一方面,游戏成瘾又和物质成瘾不同,它并不像吸毒那样一旦使用就成瘾,绝大部分玩游戏的人并没有成瘾,反而健康地生活着,游戏对人而言还有很多正向积极的作用。导致游戏成瘾的原因是多元和复杂的,有个体自身的因素,也有社会性的因素，这是个体本身、家庭、学校和社会共同作用的结果。所以游戏并非电子海洛因，也并非一沾就会陷进去，在这个过程中家长有非常大的引导、预防和改善的空间。

所以我们建议，家长要注重引导和预防，发现孩子有游戏成瘾倾向时，要及早寻求专业帮助。成瘾后的治疗则是一个集医疗、心理、家庭和学校各方力量的综合合作的过程，其中的重中之重就是家长的引导和预防——这就需要家长科学地了解游戏和游戏成瘾的特点，并掌握一些有效的亲子教育方法。希望父母可以通过孩子的行为，从心理的角度去看待孩子的行为产生的原因，帮助父母更好地理解孩子和帮助孩子。

本书内容分工

本书第三、四、七部分由夏翠翠完成写作，第一、二、五、六部分由申子姣完成写作，全书由夏翠翠进行统稿。两位作者均是北京师范大学学生心理咨询与服务中心专职心理教师、婚姻家庭咨询师，同时也参与了大量关于网络成瘾的研究和实践。

致 谢

本书的撰写工作是一个巨大的工程，感谢北京大学出版社王林冲先生和王薇女士在前期准备工作中的付出，也感谢北京师范大学学生心理咨询与服务中心常务副主任胡志峰副教授在前期写作工作中提出的宝贵意见。感谢北京师范大学心理学部研究生曾旻和本科生陈云祥、李若璇，他们做了大量的资料收集和整理工作，感谢北京师范大学新闻传播学院研究生郑博文，她负责全书的文字梳理工作。最后还要特别感谢我的导师——北京师范大学心理学部的方晓义教授，感谢他多年来在研究过程中的悉心指教和在家庭治疗实践中的督导，同时也要感谢心理学部的张锦涛副教授在参与研究过程中的指导与帮助。

需要特别说明的是，本书中的每个案例均为改编，请勿对号入座。另一个需要说明的是，网络游戏成瘾是网络成瘾的一种，大部分的青少年网络成瘾实际上是网络游戏成瘾，在学术上这是两个不同的概念，但是对于家长来说，无论是网络成瘾还是网络游戏成瘾，都是同样需要关注的问题，所以本书的表述有时候会使用网络成瘾，有时候会使用游戏成瘾。由于时间和作者水平有限，本书难免有遗漏和不足之处，敬请广大读者批评指正。

夏翠翠

2017年12月于北京师范大学

| 目录 |

第一章
小宝宝：远离游戏，是对是错？

003　　第一节　教出来的"游戏天才"
009　　第二节　别把手机当止哭神器
015　　第三节　陪玩时忍不住看手机怎么办？
021　　第四节　与老人合作带孩子 1

第二章
幼儿：　适当的游戏，会不会"惯坏"孩子

031　　第一节　别的小朋友有的我也要
036　　第二节　要面子还是要规矩
042　　第三节　我的孩子要比别的孩子强

047　第四节　到底能玩不能玩
052　第五节　与老人合作带孩子 2

第三章
小学：建立规则和培养习惯

061　第一节　给孩子买手机是福还是祸
067　第二节　定规矩不管用
073　第三节　孩子应该听谁的？
078　第四节　允许孩子发点小脾气
084　第五节　"小霸王"也有"紧箍咒"
089　第六节　游戏促成劳逸结合？
094　第七节　游戏不是好奖励
099　第八节　游戏要拿得起也放得下

103 第九节 玩游戏不拖延，写作业就拖延，怎么办？

109 第十节 孩子玩游戏入迷，不吃饭怎么办？

115 第十一节 要玩就让孩子好好玩

119 第十二节 担心停不下来的聊天

123 第十三节 别让孩子成为你负面情绪的接收器

第四章
中学：尊重和理解

131 第一节 一起玩游戏的不是"狐朋狗友"

137 第二节 冲锋陷阵的妈妈和玩游戏的女儿

143 第三节 会撒谎的也是"好孩子"

148 第四节 没有真正的"坏孩子"

154 第五节 游戏——回避内心冲突的办法

160　第六节　"游戏王"不一定成绩差

166　第七节　孩子在网络上交友怎么办？网恋怎么办？

171　第八节　孩子玩游戏不愿意上学

176　第九节　孩子马上高考了，却迷上了玩游戏
　　　　　　——重大事件与玩游戏

182　第十节　色情图片删不删？

186　第十一节　"王者荣耀"是电子鸦片吗？

第五章

大学：放手的分寸怎么拿捏？

197　第一节　大学生也是"学生"

202　第二节　游戏只是"苦情人"

208　第三节　手机里的"男朋友"

214	第四节	要友谊还是要成绩？
220	第五节	游戏总冠军是我的梦想

第六章
"游戏"与"游戏成瘾"是两回事

229	第一节	硬币的两面：游戏也有积极的一面
233	第二节	游戏设计中的心理"陷阱"
236	第三节	"游戏成瘾"的判断标准
239	第四节	"游戏成瘾"的四个阶段
247	第五节	"游戏成瘾"的家庭特征
255	第六节	"游戏成瘾"的治疗措施

第七章
做父母应有的智慧

261 第一节 让孩子远离游戏的最好方法,是父母先放下手机

264 第二节 父母给孩子最好的礼物,是幸福的婚姻

267 第三节 好爸爸,能和孩子一起疯

270 第四节 好妈妈,能管理自己的情绪

275 第五节 如何提高爱的质量

280 第六节 学会放手,给孩子自由成长的空间

285 第七节 走出教育误区:别让过度比较伤害了孩子

308 参考文献

第一章

小宝宝：远离游戏，是对是错？

导读：孩子就是父母的镜子，婴儿易受环境影响，易模仿家长的行为，他们"哭闹难缠"，也是对家长智慧和耐心的考验。父母首先要反观自己是否过度依赖手机或游戏，同时积极调动身边资源，适应自身角色的转换，更加积极主动地满足孩子原始的需求。要运用更加天然的游戏方式，培养与宝宝的亲密情感。

第一节
教出来的"游戏天才"

果果刚刚1岁半,却已经对家里的iPad和爸妈的手机操作十分熟悉。电源键在哪里,怎样滑动解锁,打开哪个APP可以看到她喜欢的动画片,点哪个图标可以玩她喜欢的毛球游戏,她都了如指掌。每次有客人到家里坐,妈妈都会十分骄傲地让果果演示,然后满面笑容地夸果果天生就是个"电子产品高手"。

果果的爸爸是同事眼中令人钦佩的好奶爸,他每天都会在下班后花一个多小时陪孩子,让老人和妻子得以休息。最初他还能想着办法陪果果玩玩具,可是一段时间之后,果果就对那几个简单无趣的玩具彻底失去了兴趣。于是抱着果果开始"享受"大人的娱乐方式——在手机上玩网络游戏,每天乐此不疲地教果果点击哪里可以发出攻击,偶尔还会让果果操作一下,然后给她竖一个大拇指。几个星期下来,果果还真是"不负众望"地赢得了一场简单战斗,爸爸高兴地把果果举过头顶,称赞她继承了自己善于学习的优质基因。

其实,果果的爸爸妈妈在为人父母之前,彼此很少说话,有时甚至面对面坐着,也在微信上发文字信息谈事情。果果出生那一天,爸爸心里再着急,也是在待产室门口玩着游戏等"开奖"。果果出生后,即使姥姥姥爷强烈要求果果妈妈认真坐月子,好好休息眼睛,仍然改不了她边喂奶边跟人聊天刷朋友圈的习惯。夫妻俩最初也很清楚宝宝过早看电视、电脑或是手机屏幕会对眼睛不好,可是果果1岁之后就学会了从大人手里抢手机,他们也就逐渐习惯了抱着果果一起玩,把最初制订的不能让孩子看手机的计划忘到了九霄云外。

果果真的在电子产品方面有天生过人的资质吗?其实,像果果一样,从小就会操作电脑或手机的宝宝并不少见。因为受各类电子产品的熏陶,再加上家人的无意识"培养",也会造就"游戏天才"。

婴儿生来会自发产生很多的行为习惯,如哭闹、叫喊、乱伸胳膊、乱伸腿,但随着年龄的增长,只有一部分行为会被保留下来,何去何留,模仿和强化的机制起着十分重要的作用。

心理学家班杜拉曾做过一个实验,让小孩子观察成人模特对一个充气娃娃拳打脚踢的录像,然后把小孩子带到一个放有充气娃娃的实验室里,让他们自由活动。结果发现,这些看过录像的小孩在实验室里对充气娃娃也会拳打脚踢,这便是行为模仿的基本机制。**孩子会模仿成人踢打充气娃娃的行为,自然也会模仿养育者消磨时光和使用手机的行为习惯。**

果果的爸爸妈妈自己在家几乎手机不离手,带果果出门的时候,小区里陪孩子晒太阳的家长们也几乎是人人盯着手机,偶尔才跟孩子互动一下。年轻的父母们常常坐在一起简单聊聊育儿的经验和困惑,之后就开始互加微信,分享自己看到的育儿好文了。餐厅里点菜、商场里购物、小摊上付款、接种疫苗、入学登记,大大小小的生活琐事,网络上、手机里都能一键搞定。随着电子产品技术的发展,手机、iPad、电脑的操作越来越便捷和简单,婴幼儿也能够在训练后熟练掌握基本的使用方法。电子媒介时代,各类互动性极强的屏幕让人无所遁形,宝宝们也不可避免地要接触电子化的设备。父母的休闲习惯则会在家庭生态圈中对婴幼儿产生更深刻的影响。婴幼儿还没有自主选择的意识和能力,最初说话、做事甚至对事物的兴趣都是模仿抚养者而来。一个薄薄的发亮的屏幕总是"霸占"爸爸妈妈的注意力,孩子一方面对这个屏幕嫉妒得要命,恨不得抢来扔进马桶;另一方面,也会特别好奇这个东西有何种魔力,希望可以据为己有。

除了亲身示范外,父母对于孩子玩手机和游戏的态度也会影响孩子对手机的兴趣。心理学家斯金纳提出的行为强化机制,能够很好地解释孩子兴趣逐渐增加的行为。在他的研究中,小老鼠偶然按压杠杆,得到了一个食丸作为奖励,这个食丸,就是对小老鼠按压这个行为的强化,几次重复之后,小老鼠的其他探索活动就慢慢地消失了,只留下不停按压杠杆获得食物的行为。**孩子的行为也是被父母塑造出来的,关注和夸奖就是强有力的强化剂**。如果孩子成功操作手机被父母视为巨大进步,不仅充分肯定,甚至向人夸耀,只会让孩子以此为荣,从而使玩手机游戏的行为被不断强化,甚至一发不可控制。

父母常玩手机、痴迷游戏,除了为孩子树立反面榜样,让孩子产生了朝着这个方向发展的隐性忧患之外,其实还有很多现实的安全风险。越小的孩子越需要细致入微的照顾,以防安全问题发生。孩子学翻身的时候,很有可能在家长回一条信息的间隙就翻滚下床。家长玩手机太晚,导致睡得太沉,无法在夜晚及时回应孩子的需求事小,未能及时察觉孩子的窒息风险事大。因为在车上玩手机,下车时把老人、孩子锁在车里的事情常有发生,若在炎热的夏天,中暑脱水致死的案例也时有报道。稍大的孩子被

第一章 小宝宝：远离游戏，是对是错？

带去人多的地方游玩时，家长低头玩手机转眼弄丢孩子的也不在少数。这些危险即使只发生一次，也会让父母追悔一生，所以改变势在必行。

父母应该怎么做？

0~3岁是孩子人格和行为习惯养成的基础时期，全面拓展孩子对事物的兴趣，能够让孩子对生活有更多的向往。 因此，要从一出生就开始预防孩子手机游戏成瘾。有的爸爸妈妈们会担心，别人家的孩子早早都会玩手机和游戏了，自己如果控制不让孩子玩手机，落后于时代怎么办？其实在电子化的社会环境中，在恰当的年龄学习使用相应的电子产品是非常容易的，需要注意的反而是家庭环境的过度熏陶会导致成瘾的风险。

孩子毕竟还小，过早、过多接触手机或玩游戏，对视力的发展、智力的全面提升还是弊大于利的。所以，有意识地减少在孩子面前玩手机的时间，避免孩子对手机产生过多的兴趣是最基本的做法。家长可以趁着孩子休息的时候集中处理工作事务，或可以在有其他人看护孩子的时候，在相对独立的空间使用手机的各类功能。

当孩子对电子产品表现出强烈的兴趣和"才能"时，家长要

停止强化，选择"视而不见"的态度，帮助孩子及时刹车。 当孩子自己成功掌握手机操作时，家长会欣喜于孩子长了新本领是很自然的，只是在心里高兴就可以了，不必去惊呼孩子真棒，更不必在外人面前鼓励孩子展示。孩子在这方面得不到奖励和强化，兴趣也就会转向爸爸妈妈正在做的事情，或是其他被充分鼓励的事情。要特别注意的是，爸爸妈妈不仅自己要有意减少夸奖孩子玩手机的才能，也要跟家庭其他养育者沟通一致！

第二节
别把手机当止哭神器

壮壮今年2岁了,像很多活泼好动的小男孩一样,精力旺盛,喜欢挑战,也很有"主见"。他一会儿爬到沙发最高处,张开双手一副准备要飞下来的样子,一会儿又把半个身体伸到床底下跟爸爸藏猫猫,爬高爬低简直一刻不得清闲,爸爸妈妈陪玩时简直一刻不敢放松。这不,在妈妈转身取水杯的瞬间,一个站不稳,把席梦思当蹦床玩的壮壮就从床上翻滚了下来,虽然有着爬行垫做缓冲,但先着地的膝盖还是挺疼,于是壮壮"哇"地一下哭了起来。

正在玩手机的爸爸腾地一下站起来,生气地指着壮壮:"叫你不小心!跟你说过多少遍了,不能在床上乱蹦!"妈妈哪里听得了儿子这样撕心裂肺的哭声,飞奔过来迅速抱起壮壮,一面示意爸爸别再说话,一面不停地责备自己没保护好孩子,一只手非常熟练地取了放在一旁的手机过来,飞快地解锁,放出壮壮平时爱看的视频，安慰儿子说："宝贝不哭，快看快看，这个小哥哥的样子多可爱！""哎，我们再看看这个，这个小朋友坐车车多勇敢！"……壮壮的泪珠都还没有落地，小眼睛就直勾勾地盯上了手机屏幕，被视频里的小朋友所吸引，也不记得哪里摔疼了，仿佛从床上摔下来的事情从来没有发生过一样。

每天晚上给壮壮洗澡，是爸爸妈妈最头疼的事情。壮壮开始死活不肯进澡盆，但只要一进水里玩嗨了，就死活不愿意离开澡盆。每次爸爸都要专门负责拿手机放壮壮最喜欢看的游戏动画，妈妈负责准备好毛巾、浴巾，伺机把看呆了的壮壮抱出澡盆，趁着壮壮沉迷在动画世界里，抓紧时间为壮壮擦净更衣。

就像这样，但凡遇到壮壮磕了碰了或者不顺心了哭鼻子，爸爸妈妈就迅速地把手机拿出来，播放各种"止哭神器"。如果想要让壮壮迅速停下正在进行的危险活动，爸爸妈妈也习惯性地拿手机当"救兵"。

很多家长都像壮壮的父母一样，听不得孩子哭一声。通常，只要孩子一哭，负责看护的大人就会进入责备或是自责模式，仿佛孩子的哭声就宣判了孩子或家长的无能，预示着孩子不成气候或是家长没能尽到应尽的责任和义务。用手机迅速止哭这一招，看起来效果显著,但背后也隐藏着很多风险。

哭作为一种本能行为被保留下来,是有很多重要作用的。孩子刚出生时,要用哭去扩张肺泡启动肺的功能;随着不断成长,要用哭练习控制肌肉的能力;有需要时,要用哭去表达自己吃喝拉撒的生理需求,引起成人的关注;遇到危险时,要用哭去表达担心和害怕的情绪;遭受伤害时,也要用哭来表达痛苦。**不让孩子哭,其实是对孩子权利的剥夺。允许孩子正常的哭泣,也是家长成熟的表现。**

有的家长会像壮壮爸爸一样,看到孩子受伤,便开始指责孩子不听话、不小心。其实爸爸心疼得很,但因为习惯或自己成长经验的限制,只能用批评的语言表达出来。实际上,他心里也明白,小孩子的神经系统尚未发育成熟,无法准确控制自己的活动,免不了会摔伤、碰伤,在做好基本防护措施的基础上,通常不会受到大的伤害。这个时候家长既不能因为对孩子有不切实际的期待,陷入指责孩子的模式,也不能让自己陷入无端自责的状态,因为正常人都会有疏忽,没有人能够帮孩子规避所有的风险,风险也是世界的本来属性之一。

需要注意的是,不仅要关注孩子的外伤,也要关注孩子的心理世界。突然的失重或突然的撞击会让宝宝受到惊吓,这时用手机转移注意力，只是在表面上迅速解决问题，但孩子的害怕和痛苦都没有得到理解和关注，可能会表现为做噩梦，在夜间莫名哭泣等其他补偿方式。

孩子的注意力发展是需要一个过程的，3个月左右的婴儿可以比较集中注意力于某个感兴趣的新鲜事物，5~6个月时能够比较稳定地注视某一物体，但持续的时间很短。3岁前的婴儿注意力水平都较低，很容易受成人引导把注意力集中于其他目标。壮壮的父母擅长用转移注意力的方式来达到目的，其实是很棒的教养策略。但手机并不是唯一能起作用的工具，更不是最佳的转移工具。如果过早过地、长时间地让孩子接触手机，有可能会导致孩子对手机的兴趣超过其他任何事物，对之后的人际交往、学习生活都产生负面影响。

德国行为学家洛伦兹提出过"印刻效应"，指的是小动物出生后，会本能地跟随和学习第一个看到的活动的事物，即使第二个看到的是真正的父母，也会无动于衷。有研究发现，婴儿对电视等电子产品也会产生"印刻效应"。如果婴儿从小每天看或听五六个小时的电视，那么到了两三岁的时候，孩子通常会有以下的表现：喜欢电视中的音乐、对母亲声音反应迟钝，不能专心注视母亲的视线、无法安静、对事物不敏感等。即使母亲给孩子耐心地讲或唱，孩子也会兴致索然、无动于衷。

家长应该怎么做？

让孩子在相对安全的环境中受点挫折、流点泪，意识到生活并非一帆风顺，也是教育的内容之一。 家长竭尽全力营造一个完全无风险的环境，只会让孩子习惯在温室里成长，无法适应外面世界的风雨。

当孩子哭泣时，要花一点时间，了解哭的功能和含义是什么，要允许孩子在家长的陪伴下，用哭来表达害怕、伤痛等负面感受，起到情绪宣泄的作用。在孩子情绪相对稳定时再告诉孩子刚刚发生了什么（壮壮在床上玩，没踩稳掉到垫子上了），跟孩子一起了解现在处于什么状况（壮壮掉下来的时候，把哪里摔疼了），帮助孩子慢慢理解现状（腿摔疼了，揉揉就会好一点了），也帮助孩子增加风险意识和规避方法（以后不能一个人在床上蹦了，掉下来危险）。

除了运用手机的多样化功能作为转移注意力的方法之外，家长可以创造性地学习和运用更丰富的方式帮助孩子转移注意力。 发展心理学家皮亚杰在研究儿童思维过程中发现，儿童在心理发展的某些阶段存在泛灵论的特征，会把无生命的物体看作有生命、有意向的"活物"。1~3岁的小孩对自己身体有很浓厚的兴趣，壮壮不愿意出澡盆时，可以引导他关注自己身体的变化，如手指头、脚趾头泡皱了，借助泛灵论的特征，家长可以把身体的各个部分拟人化，告诉他手指宝宝需要离开水休息一下，身体需要衣服的保护等。当孩子还像从前一样依赖手机的时候，可以告诉孩子手机今天心情不好，或是早早睡觉了，让其逐步脱离对手机的依赖。

此外，小孩很容易进入假想的"游戏空间"，家长开动脑筋，设定一个需要孩子配合的游戏场景，也容易激发孩子的兴趣。比如，睡前引导孩子撒尿，鼓励他制造一个小瀑布出来，打败便盆中的"坏蛋"等。家长也可以主动转向一个对孩子有帮助的活动，如装作很投入的样子堆积木，或是用创造性的方式玩孩子的玩具，孩子通常会很快被吸引，并且主动要求加入到父母的游戏当中去。

第三节
陪玩时忍不住看手机怎么办?

童童妈妈是位年轻的白领,从小成绩优异,就职于世界500强企业,很受领导器重。童童妈妈很愿意接受亲子教育的新理念,她清楚地知道,陪伴孩子的质量比时间还重要。但是每次下班回家陪童童玩时,她却总是刚陪一会儿,就忍不住要看看手机,要么进行一些并不紧急的工作安排,要么跟朋友聊些八卦。

童童妈妈为此十分自责,觉得自己不是一个好妈妈,没能给女儿最好的爱。可是要真的放下手机,她觉得自己会疯掉。自从怀孕之后,为了保护孩子的安全,她冒着不被上司器重的风险减少了加班,也冒着淡出交际圈的风险减少了外出活动以免过度兴奋或染上疾病。对于一个一直追求上进,特别喜欢交际的人来说,怀孕就像孙悟空用金箍棒在地上画的一个圈,把她与外界隔离开来。除了靠手机与朋友的互动,仿佛没有其他办法。

童童出生后,妈妈的个人空间更是被明显挤占。无形地画地为牢，似乎变成了一个有形的笼子，把她关得更严。孩子小的时候睡眠比较多，还可以偷得半日闲。如今童童1岁多了，觉少、爱玩、又黏人，白天姥姥一个人带，晚上只要妈妈一回家就黏着妈妈，睡觉也必须有妈妈陪在身边才睡得熟。童童妈妈本来也想晚上偷个懒，但想想姥姥白天累了一整天，实在不忍心。老公白天上班也很辛苦，希望他多休息注意身体，只能自己多扛一扛。

妈妈陪玩的时候，起初还能坚持尽量全身心投入，但超过20分钟，就忍不住想要看手机，即便手机没有什么未读信息，也不放心，要查看一下。看着妈妈跟手机这么"亲"，童童对手机也很有兴趣，有时候妈妈还没有去看，童童先跑过去主动找手机，两手夹住，稍有吃力地捧过来放到妈妈手里，嘴里还念叨"妈妈要看手机，童童要跟妈妈一起看手机"。让妈妈哭笑不得。更让她生气的是，因为孩子更黏自己，爸爸就有机会"偷懒"，动不动就坐在沙发上悠闲地看视频，玩游戏。不过，童童妈妈怕说出来显得小气，只好找其他事情挑爸爸的毛病，搞得两个人关系也很紧张。

童童妈妈很想知道，在怀孕之前，其实自己并没有这么依赖手机，怎么现在明明想专心陪孩子玩，自己却总是忍不住要看手机呢？

在手机功能日益丰富的今天,不自觉地想要看手机其实是很常见的事情。英国《每日邮报》曾发表文章指出,据屏幕解锁应用程序(Locket)对15万手机用户监测统计发现,普通用户平均每天查看手机大约110次,平均每6分钟就解锁屏幕一次,有一个用户甚至一天解锁手机将近900次。而被调查的大部分人,都没有意识到自己竟然那么频繁地查看手机。所以,童童妈妈觉得自己怀孕前并没有那么依赖手机,也许确实是真实情况,更可能是因为她缺少对手机使用的自我觉察——怀孕前即使常常看手机,也不会带来心理冲突或负面情绪,很容易被人忽视,这种习惯也就延续到了生产之后。**实际上,频繁使用手机导致人们的时间被碎片化分割,学习和工作的效率也会受到较大影响。**被手机所掌控的生活,也会让人失去自主感。这种自主感丧失所导致的无力感,在想全身投入陪伴孩子却无法实现时,才被凸显出来,甚至达到了最高峰。

从怀孕时候开始,童童妈妈为了孩子的健康,主动"牺牲"了自己从工作中得到的认可和在社交中得到的归属感。但这些被暂时压抑的需求不会消失,总会以另外的方式表现出来,并得到一定程度的满足。比如,有意地多加一会儿班才回家,或是回家以后仍用手机处理工作事务，或是稍有人主动联系自己，就不停地与其闲谈聊天。忍不住要用手机的行为，可能正是在提醒妈妈们，你的心理需要没有被满足。妈妈们其实都希望爸爸能承担起相应的育儿责任，当看到爸爸毫无牺牲却没有愧疚感，甚至可以随时做他想做的事情，会进一步激发不被满足的心理需求，进而又嫉妒、又委屈。

在与童童妈妈深度交流之后发现，虽然她也知道陪伴孩子是很重要的事情，但总觉得陪孩子玩时，自己并没有学到什么新知识，或得到什么精神上的成长，如果再不花点时间用于工作或是维持人际关系，时间就仿佛被浪费了似的。她从小就被教导"学习是最重要的正事，其他都不用管，娱乐或玩耍更是不务正业"，所以，做"陪玩"这个"无用功"时，就得同时做点"有意义"的事，比如工作、维持人际关系、听听微课学点知识。

父母应该怎么办？

有意识地协调好自己的不同角色。**陪娃玩的时候想工作，出门聚会又操心家里的事情，其实是角色混淆的表现。**工作时就戴好员工的"角色帽子"，踏踏实实工作；聚会时就戴好朋友的"角色帽子"，尽情地享受友情；陪孩子时，就尽情享受父母的角色，见证生命的传承与成长。在每一种角色中，都享受那个角色带来的满足感，充分地享受当下。

要使角色之间不混乱，就需要有意识地去满足不同的角色需求。童童出生后，妈妈就把全部的闲余时间都给了孩子。其实，偶尔照顾自己的需求，跟家人一起分担照顾孩子的责任都是可以的。爸爸妈妈给自己一定的自由时段，比如周末中的一天，或是平时的一两个晚上，跟朋友一起分享快乐时光，或投入自己喜欢的工作项目。如果姥姥和爸爸某一天付出得比较多，再找一个机会让他们好好休息一下就可以。

此外，父母们可以在陪伴孩子的过程中，找到更多与自己相关的责任感。父母对孩子的全身心陪伴，不只是父母帮孩子提升安全感、提高智力水平、增强运动能力的过程，其实也是孩子教父母如何重拾对事物的兴趣，换个视角看生活的过程。用心地观察孩子玩耍，也能让人静下心来，享受为人父母的快乐。

家长也可以借用手机帮助孩子学习新本领，下载一些对孩子心智成长有帮助的APP，例如，播放有声读物，听童谣、儿歌、童话故事、国学经典、趣味英语等，更好地挖掘电子产品的益智功能，成人也可在此过程中复习经典，增长才智。

或者，可以选择其他在社会评价层面有意义的休闲方式，尤其是你希望孩子学习到的休闲方式，并对全家都有帮助。

- 动手解决家里的实际问题，修理坏掉的东西，整理杂乱的摆设；
- 读读书，拓展单一由网络获取信息的方式，也有机会沉下心来进行深入思考；
- 把运动加进来，做一些简单的加强身体活动能力的事情，在家里做做操，练练瑜伽；
- 夫妻两人下下棋，谈谈心，或跟孩子一起聊聊天，创建多样化的沟通方式；
- 养点花草勤于修剪，养些小动物悉心照料，也让孩子能够直接体验到生命的活力。

如果父母能够通过以上的调整，显著减少对手机的依赖，不管对自己还是对孩子，都会有巨大的帮助。**想想孩子未来的生活习惯会受自己的行为影响，望子成龙的你也许会更有动力去改变现状。**

第四节
与老人合作带孩子1

"小丹啊,你说我该怎么办啊?难道我要眼看着儿子被耽误了吗?"

文文的妈妈小喻一边给闺蜜小丹打电话诉苦,一边默默地擦去眼角流下的泪,这已经是这个月第三次给小丹打电话哭诉了。有一次在工作期间,小喻想到在家里跟婆婆相处时自己委屈的情况,一阵强烈的胃痛袭来,差点晕倒在地。了解了小喻情绪总是处于低谷的情况后,闺蜜小丹强烈推荐她寻求专业的心理咨询帮助。

"我就是害怕孩子被爷爷奶奶给带坏了,自己却什么都做不了,觉得我根本不是一个好妈妈。儿子都快2岁了,邻居家同龄的小姑娘什么都会说了,他却只会基本的嗯嗯啊啊。别人家的爷爷奶奶每天带着孩子在小区里跟小朋友们玩,我们家的爷爷奶奶就喜欢带着孩子看电视,玩iPad!我在网上查到孩子如果

2岁还不会说话,很有可能是语言发育迟缓,还有人说可能是智障……因为我平时工作忙,儿子跟爷爷奶奶更亲,我提的要求,他都会用爷爷奶奶当挡箭牌了。我把儿子养成这样,简直太失败了……"

为了更好地了解小喻的处境,我请她介绍了一下生活背景。

"我与老公是自由恋爱,我家里开始不太支持,觉得他从农村走出来,很多家庭观念可能与我们城市里长大的孩子不一样,将来因为观念不同,婆媳关系肯定不好处……后来父母亲看我俩确实感情好,也不忍心让我伤心,这才同意我们结婚……"

"结婚之后我们本来想要先工作几年,各方面都有保障之后再要孩子。可是公公婆婆很着急要抱孙子,我刚结婚,还没有准备好要当妈妈,就发现自己怀孕了……我们公司竞争非常激烈,我本来很有优势晋升,却不得不调整发展路线……"

因为小喻的困扰在于教养孩子方面,所以我请她多讲一些这方面的信息。

"孩子一出生,公公婆婆就过来帮忙带孩子了,跟孙子亲的要命,搞得我觉得自己像是一个帮他们生孩子的代孕工具……公公婆婆来了之后,所有的事情都得听他们的,孩子不能穿纸尿裤,一定要用尿布,勤把尿,要早早添加奶粉,明明不冷却给孩子穿很厚的衣服……这些我都能忍，现在，孩子每天只是看电视玩iPad，眼看着性格和能力发展都出了问题，可怎么能行啊！"

妻子和公婆的意见不同，丈夫的态度很重要，所以我也询问了文文爸爸的做法。

"吃穿上的事情，都跟我所了解到的现代医学建议不相符，每次我想提意见的时候，老公若心情好，就会耐心劝我，爸妈真的不容易，你就让他们按自己的思路带吧，孩子能吃饱穿暖不生病就好了，你也好安心工作。若是赶上他心情不好的时候，就会直接指责我不懂事，不理解老人，得了便宜还不卖乖。可孩子现在就开始天天玩iPad，将来游戏成瘾了怎么办？为了理解他们，我要把自己和孩子都赔上吗？"

爷爷奶奶总是用看电视或玩iPad的方式带文文，文文也表现出了对电视、电子游戏的极大兴趣，小喻十分担心孩子面临成瘾风险，甚至给心智发展带来负面影响。尤其是儿子近2岁，语言发展与同龄儿童有较大差距，网络上有很多缺乏足够证据支持的言论，更加重了小喻的焦虑。她的这些担心与不满却因为害怕影响与公婆和老公的关系而不敢表达，这种委屈让她心情忧郁，胃病久治不愈。

实际上，在后续的谈话中澄清了很多的误解，如小喻提到的"总是"看电视、玩iPad，但具体了解后，爷爷奶奶只是在文文过分活泼的时候，用电视和游戏去安抚他，每天加起来的时间也没有超过2个小时。除了在语言发展方面表现比较差，文文在其他方面的表现并没有什么异常。原来，小喻和老公跟孩子讲的是普通话，爷爷奶奶跟孩子讲的是家乡的方言，姥姥姥爷也常跟孩子打电话，说的又是另一种方言。同时，小喻为了给孩子学外语做准备，在音乐播放器里下载了很多英文歌曲。在过于复杂的语言环境下，文文需要用很长的时间去整合和决定如何开口，说话自然会晚很多，但只要一开始说，就会很快跟上来的。所以，从更深的心理机制上来看，游戏成瘾的担心只是最容易被小喻觉察到并且前来求助的因素而已。

文文的出生，是小喻未经充分准备的结果，既影响了小喻的职业生涯发展，又让其面临与老人共同生活的挑战。多种生活事件不断地累加，遭遇者的再适应面临越来越大的挑战，整体免疫功能会不断降低，极易患病。这些被迫进行的适应，在很大程度上挑战着小喻对自主性的需求。

因为社会角色承担的期待不同，在教养孩子的过程中，女性所承担的压力往往大于男性，也更容易因为教养孩子的问题与老

人产生分歧与矛盾。这其实也是婆媳矛盾高发，但女婿和丈母娘冲突较少的重要原因之一。在小喻恋爱阶段便在父母的提醒下开始害怕婆媳关系，本身是一种强烈的暗示，极易通过"自我实现的预言"心理效应，把害怕的场景变成现实。加上丈夫过度支持把自己含辛茹苦养大的父母，缺少了对妻子的支持，很容易让小喻陷入更深的无助当中。婆媳冲突的一个重要心理基础是为了争夺对丈夫的爱，婆婆要证明儿子仍是自己的心头肉，媳妇要证明自己在老公心中占据的重要位置。在很多家庭中，争夺老公的"战争"会转变为争夺孩子的认同感。小喻在两场"战争"中都有失利的迹象，工作中的成绩又不足以给她充分的支持，因此，自我价值感也受到了严重的冲击，导致抑郁状态的产生。

家长应该怎么做？

父母双方尽量在同时做好准备的情况下再要孩子，自主决定生育时间和生育数量是一个很重要的权力，也避免了在生育期间再增加不必要的生活调整，以免叠加心理压力，影响身心健康。

不论孩子在哪一方面表现出了与同龄孩子的差异，都要充分考虑是自然的个体差异，还是病态性不足导致差异的发生。家长不要单纯凭借网络搜索或网上求助就给孩子下定论。像小喻仅凭孩子说话晚，就担心孩子智力问题，其实是有些过了。给孩子营造良好的语言环境，比如统一用一种语言跟孩子沟通，多与孩子用语言互动，就会有很好的效果。

与老人的相处要有合理的期待，既不理想化地期待对方的父母可以完全像对待亲生子女一样对待自己，也不要过度夸大双方的矛盾。两代人必定会因观念和生活习惯的不同有所分歧，在共同目标之下，相互适应与妥协是更好的方式。作为亲生子女的一方，要在关系维系中更为主动地参与和沟通，除了多主动表达感谢之外，还要担负唱"黑脸"的责任，提出建议和要求，另一方则多唱"红脸"，多表达积极情绪。

父母要充分理解老人带孩子时为了不愿意受责怪、不愿孩子受意外伤害的心情，理解他们愿意省心省力地用电视、游戏吸引孩子注意力的行为。毕竟陪孩子玩一整天是很辛苦的，老人也需要休息和调整。经济条件允许的情况下，可以购买一些孩子喜欢又安全的高级玩具，给老人提供更多的工具和便利。

在比较强烈的情绪氛围下，人们容易有过度推断的倾向。就像小喻会觉得公婆"总是"在让孩子玩游戏，此时，把冲突事件具体化，有助于恢复理智情绪。就像澄清后，小喻意识到这个"总是"其实并没有超过2个小时，情绪就相对平稳了。

要有意识地平衡工作与为人父母的角色，父母是养育孩子的第一责任人，父母多参与带孩子，也有助于孩子心理安全感的建立。下班回家后多与孩子积极互动，不把工作带回家中，也能够有效满足孩子的心理需求，减少孩子的问题行为。

> **Tips：**
>
> ### 适合0~3岁的孩子玩的电子游戏
>
> 这个年龄阶段的婴幼儿处于感知运动的发展阶段，婴幼儿通过感觉和运动能力来认识和理解社会和自然界的意义。这个时期是感觉运动智力发展的关键期，所以适合0~3岁孩子的电子游戏是可以提供丰富感官刺激，并要求玩家通过各种动作来参与的游戏。
>
> - 传统的拨浪鼓、铃铛等通过摇动或声音引起孩子注意力，吸引孩子伸手去抓握，并最终学会自己摇动玩具从而理解各种运动含义的玩具。
> - 通过电子设备释放声音或视觉刺激，吸引孩子注意力，并需要孩子运用身体动作来操作和控制的新型电子游戏。

> **Tips：**
>
> **适合0~3岁孩子的亲子活动**
>
> 埃里克森认为，这个年龄段婴幼儿面对的心理社会性危机是信任与不信任。对于婴儿来说信任是一种积极的情绪，也是一种信念——相信自己的需要将会得到满足以及自己是有价值的经验。在信任框架下，婴儿不仅形成了对生活中主要人物是可信和不可信的评价，而且也获得了对自己的价值和可信度的认识。随着孩子的成长，这种基本信任会扩展到自己面对人生挑战时的乐观态度上，成为一种综合能力，帮助孩子在不确定的情境中综合自己的认知、情绪和行为，充分自信地追求目标。所以适合该阶段孩子的亲子活动如下所述。
>
> - 有助于建立亲子间亲密关系的活动。这需要父母给予婴儿一致、恰当和连贯的反应，包括在喂养、睡眠、陪伴、玩耍等活动中均保持对婴儿需要的一致性关注。

第二章
幼儿：适当的游戏，会不会"惯坏"孩子

导读：孩子开始显特长，攀比之心不可涨。培养意识守规则，摆正心态求共识。父母要充分利用孩子的沟通能力，耐心探讨孩子总是想玩游戏背后的原因。与长辈共同养育孩子，更需要彼此之间通过积极交流，降低期待，达成对游戏态度的共识，形成良好的教育环境。

第一节
别的小朋友有的我也要

圆圆的爸爸下班回到家,正准备像往常一样给女儿来个抱抱,迎接他的却是小公主的泪眼婆娑和委屈又充满期待的声音:"爸爸,妈妈不给我手机玩,你快把你的手机给我,我要玩手机。"

原来,圆圆今天跟妈妈一起去邻居家玩,邻居家的小姐姐兰兰跟圆圆一样刚上幼儿园,玩的却比圆圆的玩具"高级"得多,爸爸妈妈手上最新一代的iPad和iPhone都是随要随得。为此很有优越感的兰兰总是很大方地跟圆圆分享玩具:"这是我爸爸和妈妈的手机,里面装了好多让我玩的东西。你如果想玩就一起玩吧!"兰兰边教圆圆玩游戏,边跟圆圆炫耀:"你知道吗?这个手机是最新款的,可贵了!可是只要我想玩,爸爸妈妈就会给我用,有时候他们还会用备用的手机工作,把新手机让给我玩,对我可好了!"在兰兰的指导下,圆圆玩得很过瘾,妈妈叫了三次该回家了，圆圆依然对兰兰的玩具恋恋不舍。

回到家以后，圆圆就显得闷闷不乐，对自己的洋娃娃、毛绒玩具一副嫌弃的样子，妈妈猜出了女儿的心思，却不愿意惯出她想要什么就得什么的毛病，所以对女儿的"暗示"装糊涂。圆圆见暗示无效，便挑明了也想要"高级"的玩具，希望妈妈的手机也能经常给自己玩。妈妈严肃地给圆圆讲道理："小孩子不能玩手机，对眼睛不好，玩多了会上瘾的！"圆圆小眼睛、小鼻子就泛了红，泪珠很快聚集到了眼眶里，汇成了小瀑布。此时，爸爸上楼的脚步声吸引了圆圆的注意，然后便出现了开头的那一幕。

爸爸一边看着委屈的女儿，一边看着严肃的妈妈，心里十分犹豫，到底要不要直接把手机交给孩子玩呢？

每个家长都遇到过被孩子缠着要东西的情境，有时候是好吃的，有时候是好玩的，有时候是好看的。曾有家长抱怨自己家的孩子"只要看到喜欢的，就都想要，实在是太任性了"。但实际上，见到吸引自己的东西就产生想要据为己有的想法，是每个人都会经历的心理过程。成年人见到豪宅、豪车，不也会在某一瞬间，产生"如果我也有，该多好"的想法吗？只是成年人会很快地告诉自己，这个想法是否符合现实，是否可能实现，幼儿则未必能具备这样的自控能力。把心里想的直接说出来或者直接用行动表示，也是婴幼儿阶段的一种正常现象，家长们可以给予理解，别着急给孩子贴上"任性"的标签。

但在有的场合，如果你只把孩子要东西的行为理解为对那个东西的喜欢，那可就过于简单了。**理解孩子的行为，不仅要看外显的"内容"，还要有意识地去了解孩子背后的心理需要**。圆圆平时在家其实很少玩手机，偶尔跟爸爸妈妈一起看个视频，却也没有那么大的兴趣。这次在兰兰家玩了一天手机，回来之后也希望爸爸妈妈给自己手机玩，除了确实是玩了很多好玩的游戏，其实还另有隐情。兰兰所说的那句"我要什么，爸爸妈妈就给什么"，才真正激起了圆圆内心的"羡慕嫉妒恨"。**孩子表面上攀比的是拥有物，实际上却在攀比谁在爸爸妈妈心目中更有地位、更有权力。**

圆圆在家其实表现一直都挺乖，爸爸妈妈常常对她强调要懂礼貌、守规矩，这个5岁的小女孩平时很少彻底放开去玩，陪妈妈一起逛街的时候，也很少主动提出来要买什么东西。其实最早的时候她也曾缠着妈妈想要一套很漂亮的芭比娃娃，但当时妈妈特别严肃地教训她"你这么小，哪能买这么贵的玩具，玩不好就弄坏了，太浪费了，不能买！"这一次教训深深地印在圆圆的脑子里，除非遇到真的特别想要的东西，她再也不敢提"非分的要求"。这次要手机，实在是心里太希望能玩自己爸爸妈妈的东西，而不是玩别人的。

当然，圆圆妈妈如此强调规矩也有她的原因。她在女儿提出想要什么的要求时，心里第一个冒出的念头就是"不能惯着孩子要什么有什么的坏毛病"。在与她交谈中，细致了解后就不难发现，在她小时候就很少能顺利得到自己想要的东西，她的妈妈，也就是圆圆的姥姥，就常常告诉她"小孩子，不能这样惯着"。所以她自然而然地继承了妈妈的风格，在不知不觉中，用同样的方式教育着自己的孩子。

能像圆圆妈妈一样，为孩子设立限制当然是有很多好处的，比如能够为孩子树立规则意识，帮助孩子建立起自控能力和自我管理能力，也会让孩子学会尊重父母、尊重他人。但孩子提出的需求如果总是不被满足，就会成为"未满足的期待"，对孩子始终产生强烈的吸引力。

家长应该怎么做？

究竟是孩子任性不知足，还是父母给的关爱不足以满足孩子的需求？父母可以反思一下：这次孩子跟你要手机，你不愿意给，如果下次孩子要的是别的不太高的需求呢？你会痛痛快快给他（她）吗？如果答案是否定的，也许孩子会感觉得不到爱的满足，这种失落感，会在与其他同伴的对比中更加凸显。

当孩子提出要玩手机等需求时，可以让孩子多澄清一下他（她）内心的想法，小孩子讲话常常是很真诚的，就像圆圆会说"兰兰可以随时玩她爸爸妈妈手机，我也想玩。那些游戏真的很好玩"。她的话语中透露着两种需要：玩游戏，和兰兰一样得到爸爸妈妈的宠爱。

在适当限制的条件下，满足孩子的需求。例如，与孩子约定，在什么情况下可以把手机给孩子，如吃完饭、完成老师布置的作业之后。同时告诉他（她）可以玩什么内容，如可以玩儿童游戏APP，不能乱动爸爸妈妈手机里的其他内容，以免影响工作与交际。还要跟孩子约定好，可以玩多长时间。毕竟孩子还在生长发育阶段，**长时间玩手机很容易导致视力受损，甚至可能影响注意力等其他认知能力的发展**，所以玩游戏的时间以一次不超过20分钟为佳。

第二节
要面子还是要规矩

齐齐在幼儿园老师的眼中是一个特别讨人喜欢的小男孩，他总能够很好地理解老师布置的任务或提出的要求，很配合地完成。齐齐在家里与爸爸妈妈独处时，也是一个比较懂事的乖宝宝，定好的规矩，他也基本都能遵守。如果说好了只看20分钟电视，到了约定的时间，齐齐基本可以准时收手去玩别的，即使超时，也不会超过5分钟。

可让爸妈头疼的是，一旦到了人多聚会的场合，齐齐就像变了一个人，在家里能遵守的规矩，到外面全都不管用了。一次，齐齐妈妈带着齐齐参加大学同学的婚礼，多年不见的老同学见面分外亲切，恨不得把大学期间发生的所有有趣的事情都说一遍。齐齐在大人们谈事情的时候显得十分无聊，于是开始不停地打断妈妈说话，跟妈妈要手机玩游戏。妈妈用饭店给的小玩具应付了两次之后，齐齐开始不耐烦起来，声音很大地叫嚷"快点把你的

第二章 幼儿：适当的游戏，会不会"惯坏"孩子

手机给我！"

齐齐的叫喊声吸引了旁边两桌宾客的目光，妈妈的脸一下子红了起来，赶紧把手机交给齐齐，还特意加了一句："咱们像在家里一样，只能玩20分钟，现在是12：30，等到12：50的时候你要把手机还给妈妈。"齐齐拿到手机后脸上迅速变得阳光灿烂，飞快地输入密码打开了喜欢的游戏界面，投入地玩起来。妈妈也终于能放松下来重新投入到跟同学的交流中了。

时间过得很快，25分钟的时间转瞬即逝，妈妈突然意识到已经超过了约定的时间5分钟，于是转头要求齐齐把手机还回来，齐齐却对妈妈的要求充耳不闻。妈妈心有不快，却也尝试保持冷静，继续温和地要求齐齐："宝贝儿，跟妈妈说好了只玩20分钟，你已经玩了25分钟了，该把手机还回来了。"齐齐却仍玩得津津有味，甩给妈妈一句："我不给，你们多聊会儿天，我要多玩会儿游戏。"

妈妈心里的火腾一下就起来了，语气颇重地叫了一声"齐齐……"剩下的话还没出口，旁边的老同学却已开始帮齐齐说话："哎呀，你就让孩子多玩会儿嘛，又没什么大碍，来，来，咱们聊咱们的。""就是，就是，小孩子哪能管得住自己玩多长时间呀，都得玩够了才能停呢！"妈妈一面担心自己苦心经营的限

时规则要被破坏，另一面同学出口又不好驳了人家面子，只好松口说："只能玩这一次，回家不许玩了。"齐齐则一副正中下怀的表情，继续投入到游戏的玩乐中去了。

齐齐妈妈实在是奇怪，齐齐这算是听话？还是任性呢？

成年人常常喜欢通过给孩子一个特定的评价来总结孩子的特点："这是一个懂事的孩子！""这个家伙真是太任性了！""这个小孩太难缠……"。好像给他们贴上这样一些标签，就可以把原因彻底总结出来。如果这个孩子本性已定，那么有些管教便再也无法发挥作用。

但实际上，只要仔细观察就会发现，没有哪个孩子在所有时候都呈现同一种特点，如任何时候都任性，或者所有场合都听话。大部分的孩子就像齐齐这样，在一些场合是一种表现，在另一些场合却是另一种表现。就像齐齐的表哥童童，在妈妈面前就像小魔王，跟妈妈单独在家时，哭啊闹啊，甚至在地上打滚，不愿意上学。可爸爸值完夜班一进屋，童童立刻变了样子，乖乖地背起书包就拉着妈妈手出门了。

每个孩子从出生开始，就在研究着如何"控制"自己的父母。想让父母来喂水喂奶换尿布，就哭；想要让父母多陪自己玩,就会笑。齐齐在幼儿园听话,是因为他知道这样能得到老师的喜欢和小红花的奖励,还会成为爸爸妈妈夸奖自己的资本。在家里听话,也有他听话的原因。**爸爸妈妈在家里管教齐齐时,总是一言九鼎,说一不二,如果齐齐不遵守,就会受到相应的惩罚。**齐齐妈妈在咨询中举例子说,如果齐齐在家玩游戏约好20分钟,到点却迟迟不肯放手,爸爸就会很严肃地告诉齐齐,再不把游戏关掉,爸爸就会直接把手机关机,而且第二天也不许再玩了。齐齐开始还不以为然,结果第二天,不管他怎么闹,爸爸都坚决不同意他再玩游戏了,妈妈也会维护爸爸,不敢给齐齐放水。试过两次之后,齐齐便再也不敢延时了。

到了聚会场合,情况就不一样了,爸爸妈妈都没办法像在家里一样维持自己的威信。一来自己也希望能投入到聚会当中,与别人多交流、多联络,没有足够的心力去管孩子,给孩子手机玩虽然也有不利于健康的一面,但至少省心省力。二来朋友一张口帮孩子说话,就不好意思再反驳,总觉得别人提了建议是好心,如果不照做就是对别人的不尊重,因为这个伤了感情,将来可能都不好与人打交道了。再者,每个人都希望自己在别人面前有一个好形象,带着孩子在身边时,希望别人眼中的自己是温和、好脾气又有能力的好家长,所以宁可在规则上稍作让步,也不会为此损坏形象。

孩子是特别敏锐的,他能够很快总结出在什么场合中更容易突破父母设立的限制,就像齐齐在聚会上听到叔叔阿姨帮自己说话时,就已经对继续玩手机胸有成竹了。

父母该怎么办?

家长带孩子去参加聚会,事先就要做好充分准备,包括当你参与交际活动时,孩子可以跟谁玩,玩什么。手机当然是其中一个选择,但如果聚会时间较长,孩子长时间看手机会有损视力,也有成瘾风险。准备一些其他有趣而益智的玩具,或是安排其他能让孩子一起参与的活动会更加适合。

孩子在不同的场合表现不一致,本身就是一个寻找资源的途径。想要孩子在难缠的场合有更听话的表现,只需要把在听话场合里有用的经验移植过来即可。齐齐在幼儿园里很在意自己的形象,那么在聚会时也可以激发他树立形象的动机,比如向亲友夸奖齐齐有自制力的表现,帮助齐齐树立遵守约定的外在形象,并激发他维护形象的意愿。齐齐在家里听话,也可把在家里管教齐齐的方式用于社交场合。

家长也可以更加坚定地贯彻有效的管教方式。在聚会上顾及家长和朋友的面子，放弃规则以讨好孩子固然能够暂时维持和谐的关系、避免冲突与矛盾。但为了面子输了规矩真的不值得。**不管在家里还是在外面，都能坚守原则，维护有助于孩子健康成长的规则，从长期来看更能赢得孩子和朋友的尊重。**朋友维护孩子时，礼貌地接受好意，对朋友喜欢孩子的心情予以理解，同时表明自己的教育立场，是更好的选择。如果齐齐的妈妈可以微笑地回应同学"你们说的都有道理，我也希望孩子既玩得开心，又能遵守规则。我们齐齐在家和在幼儿园都能够做到遵守与妈妈和老师的约定，相信他今天也能够做到……"相信孩子也能够理解妈妈的一片苦心，妈妈也更能为自己赢得尊重。

第三节
我的孩子要比别的孩子强

5岁的淘淘住在一个很大的小区里,小区里的小广场是老人和孩子休闲、娱乐的场所。院里的小孩就像雨后的春笋一样,一拨一拨地出生和成长,学龄相同的一拨孩子,就难免相互参照、相互比较。

这一天,淘淘妈妈晚上加完班回到家,并没有看到儿子像往常一样在门口迎接自己,而是听到一连串的抱怨:"哎宝宝,这个时候要往左偏一偏……赶紧减速!减速了!……宝宝你要加油啊,不能被别人比下去了!"淘淘妈一头雾水地到客厅一看,呵,原来奶奶正在指导宝贝孙子在iPad上面玩赛车游戏呢!

淘淘妈不禁问道:"妈,您这是要干什么呀?平时也没怎么见您教淘淘玩游戏呀!"

奶奶两眼盯着屏幕,也顾不上抬头:"哎呀,还说呢,我都后悔死了,平时没多教宝宝玩,现在都落后别人一大截了!"

"这是幼儿园搞什么比赛了吗?还是跟谁比赛了?"淘淘妈隐约猜到了原因。

奶奶这才抬起头,严肃地说:"小区里的乐乐都能过好多关了,分数都很高。人家奶奶都说了,这赛车游戏看起来简单,可是能锻炼孩子好多能力呢,什么手眼协调了,什么反应能力了。咱淘淘一上手,嘿,确实差人家一大截,咱可不能让孩子输在起跑线上。"说完就低头投入了"训练"。

再看淘淘,"刻苦训练"已经持续了一小时,自从妈妈进门,一句招呼都没顾上打。第一次玩这么好玩的游戏让他十分过瘾,虽然奶奶经常批评他没玩好,搞得他有些烦躁,但他心里也升起了一股不服输的劲儿。

拿自己家的孩子和别人家的孩子做比较,大概是家长们最常做的事情了。小的时候比个头和胖瘦,大一点了比谁先会坐爬走,到了长本事的年龄就开始比技能,上学以后比成绩,工作以后比工资、地位。这种比较中常含着父母望子成龙的苦心,希望依靠与更优秀的人的比较,激励自己孩子的进步。但孩子们在逐渐长大的过程中却为此苦恼不已,所以那个**"每一个孩子都有一个宿敌,就是不玩游戏、不聊QQ,天天就知道学习,回回考年**

级第一的'别人家的孩子'"的段子，引发了大量的共鸣，一度刷爆社交网站。这种比较背后还有一种更为隐藏的情感，就是看护者可能借由孩子的优秀表现来证明自己是个好的养育者。同时也害怕因为自己的失误导致孩子的落后，无法承担孩子将来怪罪的责任。

人确实需要通过比较来不断确认自己的位置，所以恰当运用比较也是有好处的。很多家长都是在自己孩子与同龄孩子的比较中发现明显的差异，从而及时发现了潜藏着的生理或心理问题，进而寻求恰当的帮助，及早帮孩子解决问题。但有益的比较也要允许差异的存在，每个孩子的发展状况其实都是遗传和环境共同作用的结果。父母的基因、怀孕的历程、后天的养育、所处的环境，都会使孩子的发展表现出差异性。这种差异性表现在很多方面，比如时间上，可能有的孩子某些能力表现出来早一些，某些能力晚一些。既表现在生理层面，就像同龄孩子的身高体重各有不同；也表现在能力层面，如有的孩子运动能力强，有的孩子在音乐上有天分，有的孩子语言表达能力更胜一筹。即使两个孩子都擅长玩游戏，可能擅长的游戏类型也不相同。因此，**虽然后天的训练确实有所帮助，但只有发掘孩子本身擅长的方面，扬长避短，才会让后天的训练更加事半功倍。**

对于幼儿来说，电子游戏确实能起到很多有益的作用，比如淘淘奶奶提到的训练手眼协调能力、快速反应能力，3D游戏还能够训练孩子的空间感知与想象能力。适当让孩子玩一玩这些益智类的游戏，还是很有好处的。但为了与别人比赛而进行训练，忽略了游戏本身带来的乐趣和成长，则可能会使孩子过度在意外部的评价，变得爱攀比、好面子，将来在竞争性的活动里也更容易紧张、焦虑。

父母应该怎么办？

在平时的观察中了解自己孩子的特点和优势。每个孩子都有自己的优势，这需要父母对孩子有信心，同时也要有耐心。通过孩子平时的表现，既能观察其感知能力（观察力）、记忆力、想象力、思维能力、注意力等一般能力的发展情况，也可以通过为孩子提供接触不同事物和表现不同能力的机会，观察孩子音乐、绘画、运算、运动、言语、空间、人际交往等多方面的能力。在这个过程中，尤其要尊重孩子对事物的探索，不要随意打断。

孩子最初是没有比较之心的，被照顾得比较好的孩子，都有着很强的自信心，淘淘可能最初并不觉得自己比别人差，也没觉得别人游戏玩得好跟自己有什么关系。但奶奶强调要通过训练超越别人的时候，他可能慢慢意识到自己不如别人，从而产生自卑感和烦躁、苦恼等负面情绪，所以过度强调与别人的比较不利于孩子的心理健康。家长在教育孩子的过程中，**引导孩子更多地跟过去的自己做比较，强调努力之后点滴的进步，并给予鼓励，而不是让孩子总觉得是因为自己不够好，才需要提升某方面的能力。**

在心理上把孩子与自己区分为两个独立的个体。孩子在某些方面表现得好或不好，并不能直接与父母够不够好画等号。虽然这个观念的转变需要一个过程，但不把自己的价值完全建立在孩子是否成功之上，会让父母更加轻松，也让孩子更加自由地发挥自己的天性才华。如果想要孩子成功，不能以牺牲父母的人生为代价替孩子铺路，更好的方式是父母首先过好自己的生活，以身作则，让孩子有直接的学习榜样，然后让孩子在耳濡目染当中，走上成功之路。

第四节
到底能玩不能玩

"宝贝儿,妈妈跟你说过多少遍了,玩游戏是不务正业,你应该多看看书、写写字,别总是趴在电脑桌上。"

"哎呀娃他妈,你就少管管孩子吧,他爱玩你就让他玩呗,男孩儿爱玩游戏太正常了。"

"老玩游戏怎么能行,孩子这个年龄正是养习惯、交朋友的时候,多出去跟小朋友接触一下,要么就安安静静看会儿书。"

"你就只说交朋友,玩游戏有玩游戏的好处啊!整天只会看书,看成个书呆子,以后只会纸上谈兵,说不定连老婆都找不到,看你着急不着急。"

"怎么看个书还找不着老婆了,你就是太惯着孩子了,天天就知道让他玩!一点规矩都不讲,一点正事都不干,以后怎么能行!"

"孩子小时候就是要玩的!不玩怎么会学习!"

"孩子小时候就得立规矩！三岁看大七岁看老，咱家孩子都快5岁了！再不纠正他的生活习惯，天天只知道玩，想玩什么就玩什么，以后还不无法无天了！"

……

爸爸妈妈的争吵还在继续，亮亮在旁边抱着iPad，听着两个人越发激烈的争吵，心里又害怕，又矛盾，玩也不是，不玩也不是。每次他想玩游戏的时候，爸爸妈妈就你一言我一语，像辩论一样针锋相对，互不相让。他知道妈妈不喜欢他玩游戏，爸爸却总护着他让他玩，他既不想让妈妈伤心，也不愿意让爸爸难过。虽然他没有办法完全听明白爸爸妈妈的话，但他知道两个人都有道理，只是谁也没办法说服另一个。

亮亮的爸爸妈妈又何尝不困扰？两个人都是名校研究生毕业，当年都是说大名鼎鼎的大"学霸"，甚至有一群"崇拜者"，在工作单位也是颇具影响力，领导充分信任，下属充分尊重。可回到家里，每次看到儿子玩游戏，对方的观点总与自己不同。明明知道自己的话有道理，却无法说服对方与自己站在同一阵营，既无力又不甘心，所以经常会收集更多的资料来支撑自己的观点，期待着有说服对方的那一天。

因为该不该让孩子玩游戏而引发家庭成员的冲突，是很多家庭可能会遇到的情况。 有的家长在咨询室中仍会坚持自己的意见，甚至希望心理咨询师当法官，评判谁对谁错。咨询师首先会让夫妻意识到，双方在教育观点上不一致，是非常正常的现象，毕竟两个人来自不同的地域和家庭，有不同的教育背景和人生理念。这可能不是谁对谁错的问题，而是立场和视角的问题。

　　以亮亮的家庭为例，爸爸妈妈都是成功人士，却有不同的成长背景。爸爸是家中独子，是被父母宠大的，从小到大，不论他想尝试什么，都会被充分允许。正是这样的允许让他受益匪浅，也从探索中发现了学习的乐趣，学习动机很强，一路顺风顺水。亮亮的妈妈作为家中长女，从小就被管教严格，立为弟弟妹妹的学习榜样，从来都是认真学习，放弃很多娱乐的时间，一路靠努力赢得了好成绩和好机会。所以，表面上看是观点之争，其实更深层次是父母表达爱孩子的方式不同，两个人都深爱着自己的儿子，希望儿子能够顺利成长。而最稳妥、最可预测的方式，就是像自己一样——或是充分允许探索，或是努力学习知识。

　　另外，人们普遍具备的心理偏差——证实倾向——也会加重辩论的激烈程度：**人们在做推理和判断的时候，喜欢去证实原有的看法，而不是去反驳它。** 亮亮的爸爸妈妈饱读诗书，见识广泛,一定接触到了不同观点,都对支持自己观点的信息更加敏感,对其他相左的意见却"视而不见"。事实上,爸爸允许孩子多玩游戏当然有好处,尤其是幼儿阶段,现实游戏和电子游戏都能够充分引发孩子的探索心,促进孩子的心理发育。妈妈强调学习和生活习惯的养成,为学龄期做准备也有重要的正面意义。

父母应该怎么办?

父母争执时,也要顾及孩子的感受。孩子身上有两人的血脉,天然地对两个人都忠诚,单纯听从任何一方都会带来心理上的分裂感。随着孩子逐渐长大和心智逐渐成熟,父母有时候可以把双方的观点和理由都跟孩子讲一讲,说不定孩子会有创造性的解决方式。就像电视剧《虎妈猫爸》里,奶奶给孙女茜茜做了红烧肉,希望孙女多吃点补身体,妈妈却因为红烧肉糖含量太高,不让茜茜吃,爸爸夹在其中,选择听从教育专家的意见,把妈妈和奶奶的想法都客观地陈述给茜茜,结果茜茜很好地进行了平衡。相信亮亮在听完爸爸妈妈真诚客观、不被情绪过度渲染的理由陈述后,也可以做出恰当的选择。

家庭不是绝对讲道理的地方,赢了观点,却可能输了感情。请父母不要以对错分高低,允许对方跟自己不一样,更允许孩子跟自己不一样。多表达和理解彼此的苦心，才更容易形成合作。**人们常常因为相似而产生联结、组成家庭，因为差异才有机会共同成长**。亮亮的爸爸既欣赏也心疼妈妈有强大自制力，妈妈也既羡慕又不满于爸爸的总是顺其自然的自由风。最好的方式不是谁战胜或屈服于谁，而是双方都变得更加灵活，相互学习和妥协。既允许孩子释放天性，也对孩子有所管教，在恰当的限制下玩游戏。孩子会因为激烈的争执而迷茫，并产生困扰，也会随着父母的妥协合作而学会整合。

所以，父母双方可以先彼此商定一个互相折中的方案，比如可以玩，但时间上有限定。或者是可以玩某些类型的游戏，另外一些类型要避免接触。如果实在难以有两个人都满意的方案，可以商定某一天由谁来主要带孩子，就听谁的，另一个人不要随意插手，允许孩子完全体验一方的"成功之道"，由孩子用自己的智慧去整合。

第五节
与老人合作带孩子2

"妈!我说过多少遍了!不能让孩子玩游戏!玩游戏对孩子眼睛不好!你怎么又惯着他了?!赫赫!爸爸是不是刚跟你强调过了!不能玩游戏!玩物丧志!你怎么一点也不自觉?!"在单位做领导的赫赫爸爸刚回到家,正好撞见奶奶正看着赫赫玩手机游戏,脾气立马就上来了,噼里啪啦把两人都数落一通。赫赫冲奶奶嘬一下嘴,仿佛在怨恨奶奶没注意好时间,提醒自己及时收手,导致被爸爸撞见挨骂。

奶奶心里更是满腹委屈,辛辛苦苦把儿子养大,好不容易盼着他找了个好工作,结了婚、生了娃,还背井离乡来帮忙看孙子,却时不时地还要挨儿子数落,一点面子都不给。有时候真是恨不得一咬牙回老家享受清净日子,但孙子还在上幼儿园,夫妻俩上班又远,没办法接送孩子,请个保姆又不放心宝贝孙子受委屈。正在努力消化这些纠结的情绪时,瞟见老伴儿正偷偷在阳台

第二章 幼儿：适当的游戏，会不会"惯坏"孩子

上抽烟，于是气不打一处来："老头子！我让你准备的菜你切好了没有？你不好好干活又在那儿抽烟！医生说了多少遍，你的身体不能再抽烟了！你还要不要命了！"

赫赫妈妈没多久就回来了，看见一脸阴沉的婆婆和哭丧着脸的儿子，便知道老公又冲他们发火了。再看看公公也是一脸不高兴，便知道婆婆又把气撒在公公身上了。平均每个月都有这么两三次，老公要因为儿子偷偷玩游戏或者看电视的事情跟婆婆发火，常常还顺带着教育儿子一通。有时候她也插嘴劝一两句，但收效甚微，赶上运气不好的时候，还会被一起数落。

像赫赫一样，上幼儿园就开始玩单机甚至网络游戏的孩子并不在少数，2016年有研究者调查发现，44%的幼儿园孩子玩网游，少部分人开始加入线上联盟；89.1%的幼儿园孩子在周末玩电子媒介，平均时长48.32分钟；幼儿园的小朋友就开始加入QQ群，占比达11.6%；18.6%在网上发表内容，主要是图片，因为他们喜欢用手机来拍照；用手机上微信的达到21.2%。可见，随着电子化产品普及速度加快，很多孩子一出生就开始观察甚至接触电子化产品，要完全限制他们使用是很不现实的，甚至会起到反作用。就像心理学上的"禁果效应"（也叫作"亚当与夏娃效应"）

所描述的，由于单方面的禁止和掩饰会造成逆反现象。**越是禁止的东西，人们越要弄到手；越希望掩盖某个信息不让别人知道，却越容易勾起别人的好奇心和探求欲，反而促使别人试图利用一切手段来获取被掩盖的信息**。爸爸越是不让玩，越是限制奶奶带孩子的方式，反而越是促使儿子和奶奶结成了"联盟"，共同去争取他们的自主权，也就形成当面不玩，背后玩更多的结果。

与"尊老爱幼"的传统理念不同，爸爸为什么习惯用指责的方式去跟爷爷奶奶沟通呢？一方面，爸爸在单位做领导，习惯了居高临下的感觉，回家之后，并没有做好角色转换，仍用工作的方式在与家人相处。另一方面，则是从爷爷奶奶的沟通模式上学习而来的。仔细观察赫赫家就会发现，奶奶比较强势和挑剔，很习惯用指责的方式跟爷爷说话，爷爷很少有自己做主的机会。这样搭在一起，赫赫的爸爸作为家中独子，从小就从奶奶那儿学会了命令别人。赫赫从小耳濡目染，也学会常常对大人指手画脚。

这些相互指责的模式虽然会带来一些心理上的不悦和痛苦，但同时也是一种极为亲密的联结方式，当我们因为别人的行为而生气或愤怒时，其实是给了对方一个巨大的权力：影响甚至决定自己的心情。恰恰说明对方在自己心中的重要位置，这也是很多夫妻每天吵架却不离婚，而冷战容易导致离婚的原因之一。

另外，如果受指责的一方并没有采取行动给予指责方惩罚，也会维持和助长这样的沟通模式。假如爸爸第一次指责奶奶时，奶奶能够真实地反馈自己受伤的状态，而不是把气转移到爷爷头上，或是奶奶直接对爸爸表现出极大不满，甚至回了老家不再帮忙看孩子，想必爸爸也会反思自己的方式了。

再者，爸爸指责奶奶和孩子的时候，虽然表面上非常自信与骄傲，但**指责别人的人，内心深处其实也会产生无力感，常常需要承受失望的情绪**。总是提要求，别人却总是没办法达到自己的期待，从根本上讲，其实也是对自我的惩罚。**就像指责别人的手势一样：一根指头指向别人，更多的手指都指向了自己。**

家长应该怎么做？

家长首先要意识到一味禁止孩子玩游戏是很难奏效的，也要看到孩子玩游戏有其正面的价值，它是众多娱乐放松方式的一种，是孩子与小伙伴互动的媒介，是孩子学习新知识的载体，其益智作用值得肯定。所以，不要把游戏当成"禁果"，而要把它当成需限时限量品尝的"美食"，这个设定也符合孩子对游戏的认识。家庭要统一什么时候可以玩，可以玩哪些，每次可以玩多长时间这样的规则设置。恰当的时候，家长可以陪孩子一起玩，与孩子一起体验游戏的乐趣。

父母要有意识地区分工作角色和生活角色，不要把在工作中与同事或下属的沟通模式直接用到家庭当中，以免给家人带来反感。每次下班到家门前，可以用自我提醒与暗示的方式，告诉自己："我现在不是××单位的××职务，而是孩子的爸爸、妻子的丈夫、父母的儿子。"

惯用指责模式与老人或是配偶沟通的家长，要有意识地调整自己的方法，首先要觉察到自己对别人的期待，比如，赫赫爸爸希望奶奶能够完全依照自己的意愿照顾好儿子，儿子能够自觉地约束自己的行为。然后主动采取行动，为自己的期待负责。比如，多承担一些管教和陪伴孩子的责任，尝试去理解父母或孩子不配合自己的原因，相信每个人之所以采取这样或那样的行动，都有其道理，比如奶奶也许只是不忍心拒绝孙子的请求，赫赫也许只是需要与朋友保持联系，或通过游戏中的竞争获得成就感。**知己知彼，才能明确不同个体的共同目标，从而达成良好的合作，让老人、父母、孩子都能收获自己想要的东西。**

Tips：

适合3~6岁的孩子玩的电子游戏

这个阶段，儿童的核心发展过程是认同，认同自我不同于身边的物体和他人，认同自我的性别和性别角色，认同父母灌输的道德规则和文化渲染的社会习俗等。这个时期的认同是儿童逐步形成自己的人际世界，并在这个人际世界找到适合自己的普遍认识。

所以适合的电子游戏有如下一些。

- 有情节、有故事、有逻辑、有道德判断和善恶好坏的电子游戏，父母需要在游戏中多启发孩子学会站在游戏情境中以不同的视角看待整个游戏中的世界观。
- 可以锻炼反应速度和反应能力的电子游戏，进一步锻炼幼儿的精细运动技能，特别是需要手眼、手耳配合的游戏。

> **Tips：**
>
> ### 适合3~6岁孩子的亲子活动
>
> 这个时期的儿童，其社会性的发展开始超出家庭范围，他们逐步开始和同伴玩耍，并从中获得一些新的经验和知识，但家庭内的互动仍然是他们最为重要的信息来源和情感支持来源。所以适合该年龄段孩子的亲子活动有如下一些。
>
> - 每日的"睡前故事"，父母通过给孩子讲睡前故事来向孩子传递知识、情感，初步传递一些道德观念。
> - 分享阅读，父母通过和孩子共同阅读一些故事或绘本，并互相分享各自的感受和认识，来培养孩子认识和感知世界的能力。

第三章
小学：建立规则和培养习惯

  导读：当孩子成为小学生之后，这个阶段是儿童智力、控制力和能力的发展关键期。良好的规则建立和习惯培养，可以让孩子从游戏中获益，促进孩子智力的发展，培养自控力和提升其他方面的能力，同时也是避免孩子游戏成瘾的良方，保障学习的顺利进行。良好的规则建立和习惯培养离不开父母的鼓励和肯定，当孩子对自己不同方面的能力产生信心的时候，他们开始发觉自己具有在更广阔天地中活动的潜力。

第一节
给孩子买手机是福还是祸

笔者有一次去表姐家，正好小侄子的几个好朋友以及小朋友的妈妈们在表姐家聚会。超超是这帮小伙伴的"明星"，大家都围着他，看他用智能手机玩游戏。

小侄子今年上三年级，过一会儿就过来缠着妈妈非要买手机，说班上的好多同学都有手机，表姐不答应，觉得孩子还太小，用手机太没有自控力。

在场的妈妈们也开始讨论，杰杰妈妈坚决不让孩子用手机："现在还是不要给孩子买手机，买了就管不住了，等到大学再买吧，实在不行，等到上中学再说，现在又不是必须要用手机。"

表姐虽然没有答应儿子买，但她心里很犹豫："话虽这么说，但现在送孩子去上各种课外班，没有手机自己和孩子联系也很不方便。但是孩子用手机玩游戏、和陌生人聊天，或者出现一些安全隐患怎么办？"

超超妈妈持相反观点:"没你们想得那么糟,现在超超玩手机玩得很溜,出门导航都靠他,虽然有时候会玩游戏,但是小男孩嘛,都爱玩游戏,不让他玩手机,他也会玩别的。"

"那你怎么管他的呢?"几位妈妈问超超妈妈。

"我没怎么管,他爱玩就玩,只要把作业做完就行,但确实有时候一拿起手机就撒不了手,我也很苦恼,不给他买吧,孩子哭天喊地地要,买了吧,确实又存在控制不住的问题。"超超妈妈回答道。

相信现在很多小学生的父母都出现过这样的苦恼,孩子班上陆陆续续有小朋友有手机了,自己的孩子也回来吵着要买手机,有的家长和杰杰妈妈一样,坚持不让孩子在小学阶段用手机,有的家长和笔者的表姐一样处于犹豫状态,还有的家长支持孩子用手机。那究竟小学生能否用手机?用手机有哪些利弊呢?

支持方:

- 手机很便捷,可以方便与孩子联系
- 孩子如果遇到突发情况可以报警或者和大人联系
- 辅助学习,方便查单词、查资料等
- 与同学更多交流,可以交流学习、作业等

- 可以随时用手机拍下一些有意义、有需要的东西
- 手机的其他功能，如闹铃、秒表、指南针等，非常实用

  ……

反对方：

- 用手机玩游戏，影响学习
- 不能控制使用手机，上课不认真听讲
- 与陌生人交流，使用完全失控
- 用手机上网不受限制，浏览黄色、暴力的网站
- 在网上被骗
- 在路上使用手机，担心安全

  ……

其实让不让孩子用手机不是最主要的问题，在现在社会，孩子接触手机是迟早的事情，最主要的问题是如何引导孩子正确、合理地使用手机。 因为小学生还缺乏一定的自控和自我管理以及对好坏的辨识能力，如果放任孩子使用手机，特别是玩手机游戏，孩子很容易控制不住，刹不住车，越玩越厉害。同时对于使用手机可以获得的信息，孩子也缺少辨识能力，不能够很好地辨识哪些信息是有利的，哪些信息是有害的。

现在是信息时代，各个领域都在讲互联网思维，如果不让孩子用手机，完全不让孩子接触网络，很容易让孩子与时代隔绝，在可以掌握一定技能的时候没有掌握，反而会成为同学之间的"异类"。

所以对于小学生使用手机这个问题，考验的是大人，"一刀切"不让孩子用手机，或者买了手机就不管，都不是最好的做法，最好的做法应是引导孩子如何正确、合理地使用手机。

父母应该怎么做？

明确手机使用的目的。给孩子买手机，首先父母心里要清楚，为什么要给孩子买手机，买手机的目的是什么？建议针对小学低年级的孩子，买手机的目的以方便联系为主，这样就不用给孩子买功能强大的智能手机，一些只能接打电话和发信息的儿童手机就可以满足需要。而对于小学高年级的孩子，手机对于孩子的用途可能不限于联系方便，还可以发挥更多功能，比如，背单词、学习、查资料、和同学联系等，这个时候可以给孩子买智能手机，但是一定要注意监管。

现在的智能手机功能非常强大，如果你自己都不懂，那么请慎重给孩子买功能强大的智能手机。给孩子买的手机，最好自己能先了解有哪些功能，是不是可以通过家长做一些设置来限定孩子的使用等。监管是父母的首要责任，给孩子买的手机功能最好自己先了解。

了解清楚手机的功能后，和孩子商定手机使用的规则，哪些功能可以用，哪些功能要限制使用，哪些功能不能使用，商定好再使用，比如，上课不能使用手机；玩游戏只能在写完作业后的半小时；可以用手机查资料、学习，不限制使用，但上课除外；每次使用手机时间不能超过30分钟，即使是学习，超过30分钟也需要休息10分钟后再继续；在课后（写作业时除外）可以用手机与同学联系，不能加陌生人为好友，不能与陌生人聊天……

如果你很懂智能手机，那就可以通过管理孩子使用手机的APP来掌握孩子使用手机的动态，现在这类APP也很多，功能很强大，比如，父母端可查询孩子手机APP使用情况和上网记录，掌握孩子动态；手机定位功能，及时了解孩子在哪里，还可以全天候记录孩子所去过的地方，了解孩子全天的行程和安全；远程控制功能，可以对孩子的手机进行远程控制，而不需要强行拿走孩子的手机，如不准孩子玩手机游戏和聊天等；各种模式一键设定，如视力保护模式、宵禁模式等；呼喊功能，强制开启孩子手机扬声器，进行远程呼喊；管控APP的安装以及对指定APP的限定，如游戏类的APP在某个时间段的禁用等。

但需要注意的是，针对低年级的孩子和高年级的孩子需要使用不同策略，对于低年级的孩子可以采用更多掌控的方式，比如，了解孩子去过哪里，强制呼喊等；而对于高年级的孩子，尤其是即将步入青春期的孩子，已经有了一定的自我管理能力，可以不用全程了解孩子的行踪，给孩子更多空间，可以靠约定来管理孩子，而不是强制性的APP。

有的家长对手机的了解还不如孩子，那如何对孩子进行监管呢？**如果你不会使用监管类的APP，那么尽量给孩子买功能简单的手机。**如果孩子要智能手机，可以通过商定使用规则来进行，没有APP的监管和强制措施，家长可以通过收手机的方式进行，比如，回家后只在某个时间段给孩子手机，关闭手机的上网功能等。

第二节
定规矩不管用

娜娜今年上小学四年级，父母最近特别头疼，娜娜还没到青春期，但是特别叛逆，很不好管教。在小学三年级的时候爸爸给娜娜买了一部手机，买手机的时候妈妈就和娜娜说好，要认真练钢琴，要写完作业以后才能玩手机。父母现在觉得娜娜越来越不好管教，根本就不听话，也不按商定的规则走，娜娜的妈妈非常担心孩子这样下去情况会越来越糟，于是前来咨询。

娜娜的父母非常有意识，没有等到问题很糟糕的时候才来咨询，这样做非常好。笔者先对娜娜父母做出了肯定之后，对他们的一些情况进行了了解。在父母眼中，娜娜以前一直都比较听话，最近很多同学都用手机，同时也为了和娜娜方便联系，父母也决定给娜娜买手机，在买之前就和她约法三章：上课的时候不许使用，在学校的时候手机只用来和父母联系，回到家后写完作业和练完琴之后才能玩手机。乍一听这样做也没什么不妥，那为什么娜娜这么不听话呢?

当父母在说的时候,娜娜在旁边就一脸不屑,头微微抬起来朝着窗户,根本没有看父母。当我问娜娜的想法时,娜娜的话让我了解到这一切都事出有因。

"他们说话从来都不算数,说好练半小时琴就让我玩,结果我练完了,还要让我再练15分钟。写作业也是,说好的写完作业就让我玩,结果好多时候还要让我继续预习,大部分时候我根本就没时间玩。"

父母补充说这种情况在家里确实还比较常见,目的是尽量让孩子可以多一点时间学习。我问到在家里还有哪些打破规则的情况,父母讲到有时候在家里来客人的时候,规则就不太好执行了,有时候爸爸也会允许孩子不写完作业就玩,父母之前完全没有意识到是制定和执行规则的过程中出了问题。原来都是规矩惹的祸!

这种情况在很多家庭都很常见,究竟让不让玩游戏?很多父母都会和孩子商量规则,但往往到后来规则都形同虚设,究竟是什么让规则不起作用了?

就像娜娜的父母,他们定的规则乍一看没什么问题,很多父母都会有这样的要求，但这个规则太笼统，不利于规则的执行，如"回到家后只有在写完作业和练完琴之后才能玩手机"，这并没有限定具体的时间，在执行的时候双方的理解差异会很大，孩子觉得我一直可以玩下去，父母往往认为只能玩很短的时间。

另外，**父母制定了规则，但是并不完全执行规则，会让孩子意识到不遵守规则也没关系，反正父母也是有一搭没一搭地在执行。**

最后，父母首先打破规则，会起到坏的榜样作用，孩子也认为可以随意打破规则。父母在孩子眼里是权威，但如果作为权威的父母都不遵守规则了，孩子觉得我也可以这样做。如果要孩子遵守规矩，父母就要做好榜样，尊重已经制定的规则。

父母应该怎么做？

首先，在制定规则时要具体，不要笼统和模糊。比如，"吃完饭之后就可以玩"，或者"把作业做完之后才能玩"，这些规则看起来很具体，实际上却很笼统，往往父母和孩子的理解差异很大，一定要将规则具体化到好操作的程度。比如，"每周一、三、五写完作业后可以玩半小时，周末每天在练完琴后可以玩半小时，玩什么游戏得经过父母同意"，或者"平时不能玩游戏，周六和周日在写完作业后可以玩半小时"。

其次,要制定具体的惩罚和奖励措施。大人要严格执行规则,如果孩子不遵守规则,一定要有相应的惩罚措施,比如,如果孩子玩的时间超过半小时了,那么第二天就不能玩了。惩罚以取消孩子喜欢的事物为主,比如,如果孩子破坏了规则,那么第二天不让玩游戏,或者一个星期不能使用手机等,这样对孩子伤害比较小,同时也能让孩子学会自觉管理自己、主动遵守规则,塑造孩子的好行为。尽量少使用体罚这类伤害比较大的惩罚措施,如关小黑屋、打孩子、不给孩子吃饭、恐吓等,这类惩罚措施对孩子伤害较大,严重的暴力会给孩子留下心理阴影。这类惩罚可能会让孩子遵守规则,但孩子遵守规则的动力是因为恐惧,而不是因为自己想这样做。同样,如果孩子在一定时间表现得好,也可以奖励孩子,例如,一个月都做得非常好,可以奖励孩子一件他喜欢的东西或者带他做一件他喜欢做的事情。另外需要注意的是,无论奖励和惩罚都要及时,这样执行起来更容易,也能更好地起到教育和引导的作用。

有的父母喜欢自己说了算,规则就是自己单方面制定,有时候这样的规则容易让孩子执行困难,或者产生抵触心理。最好是和孩子一起制定规则,和孩子一起协商和讨论,什么时候用手机，用手机可以做什么。如果孩子说只要作业写完了我就可以用手机，父母可以表达自己的担心："那我担心使用时间长了对眼睛不好怎么办呢？"这个时候孩子就会考虑到时间的问题，这样的表达就比"不行，写完作业就用手机，时间太长了"，或者就简单地说"不行，只能用半小时"要好。当孩子参与规则的制定，并充分表达了自己的想法和建议后，这样的规则会让孩子更自愿和自觉地执行。

　　同时，父母也要严格执行规则，很多家长都做过和娜娜父母一样的事情：当孩子做到一件事情后，父母没有兑现承诺，反而要求更多。我小时候写作业，妈妈答应我练完两遍字之后给我买冰棍，两遍练完后，妈妈还要让我练第三遍，耐住性子把第三遍练完了，妈妈又提了新的要求。这时候我只好发火了，最后妈妈给我买了冰棍，虽然我最后吃到了冰棍，但是内心却不满极了。规则不仅约束孩子，也同样约束父母，**父母也要遵守规则，承诺的一定要兑现，如果不能兑现就不要承诺**。如果父母失信于孩子，那么其制定的规则同样也就不起作用了。

　　还需要注意的是，制定的规则要合理，要适当满足孩子的需求。有的父母制定的规则过于严厉。我有一个亲戚，他的孩子5岁，每周只能玩5分钟游戏，还要表现好有了多少"积分"才能玩，结果一旦孩子的父母不在，和别人在一起时，这个孩子就盯着别人的手机，想要玩。上述规则显然太苛刻，制定的规则要能满足孩子正常合理的玩的需要。规则制定的合理性还体现在该规则是孩子通过努力可以达到的，而不是完全不能达到的目标。比如，有的家长希望孩子能自觉，但孩子在小学低年级时，自觉往往是很难做到的，需要大人的提醒。所以在使用手机时，有时候孩子忘记了，或者很专注时，父母可以做适当的提醒，而不是简单要求孩子要自觉。

第三节
孩子应该听谁的?

强强今年8岁,爸爸工作非常忙,经常出差,基本上家里家外的事情都是妈妈在做:平时辅导孩子作业,带孩子去上辅导班,周末陪孩子玩……强强妈妈自从孩子出生后就成了一个名副其实的女超人,爸爸很少参与其中。

强强爸爸每次回家都想和儿子亲近,可是儿子几乎不怎么理他,他想了好多办法"讨好"儿子,如给儿子买喜欢的玩具,儿子刚开始很开心,过一会儿就不理他了。最近他发现孩子喜欢玩游戏,就给孩子买了一个手机,儿子拿到手机后非常开心,但是强强妈妈却不开心了。

强强妈妈好不容易给孩子建立好了规则,在上小学期间不能用手机,这规则一下子就被爸爸给打乱了。被爸爸打乱的还不止这一件事情,强强体重有一点超重,妈妈不让强强吃甜食喝饮料,饮食上很注意,爸爸回到家后为了讨儿子开心:"儿子,走,爸爸带你吃好吃的去！"妈妈希望强强早睡早起，爸爸回来后，强强坚持要看动画片，爸爸就给孩子放，甚至还对孩子说："别管你妈，咱看咱的！"只要强强想要的，爸爸基本上都会满足，也不管这对孩子有没有坏处，妈妈好几次都快被气疯了。

手机拿到手之后，正如妈妈所料，强强根本控制不住，回到家就想玩手机，妈妈一气之下把手机给没收了。等爸爸回来之后，强强就向爸爸哭诉："呜呜呜，妈妈把我手机给没收了，我都很听话了，她还是不让我玩。"爸爸听到儿子哭，非常生气，便和妻子吵起来了。

"孩子不就玩个手机嘛，你用得着这么严厉吗？"

"不就玩个手机？他根本收不了手，又毁眼睛，又影响学习。这都赖你，没事给孩子买什么手机啊，你就是太惯他了！"

"有什么收不了手的，你天天都在家，你不是都管着的嘛！"

"我管，我每次管得好好的，都被你破坏了，你不回来还好，你一回来孩子就要上天了！"

"我为了这个家辛辛苦苦工作，回来就想疼孩子，这一切不都是为了儿子吗，我怎么了我！"

夫妻二人就这么越吵越凶。

最后妈妈把手机扔给了爸爸，生气出了门。强强在旁边装模作样地写作业,这一切他都看在眼里。爸爸把手机给强强:"写完作业再玩!"

像强强的家庭一样,父母的教育观点或者教育方式不一致这在家庭中很常见,**父母对子女的教育不一致最容易让夫妻之间产生冲突**。当然,这也是造成很多父母管不住孩子玩游戏的重要原因之一。

表面看来,父母各抒己见,是家庭民主的一种体现,但其实,当我们了解了孩子的心理状态后,就会发现很多我们忽略的事情。

当父母双方的观点不一致时,孩子可能会接收到矛盾的信息而无所适从,不知道该听谁的。如果这种矛盾太激烈,还可能会让孩子内心产生冲突,不知道该认同谁,这种矛盾性会伴随着孩子成长,影响孩子的人格发展。

父母是家庭教育中最重要的角色,但是,当父母双方因为教育观点不一致发生争吵时,会极大削弱父母的教育权威,导致孩子不容易管教。我们在做心理咨询时,问强强"在家你最怕谁",他回答:"我爸不在家的时候,我怕我妈。我爸在家的时候,我谁也不怕,妈妈吼我,我叫爸爸,妈妈就拿我没办法了。"这样直接影响了家庭教育,导致妈妈在强强玩游戏时建立的规则,直接就被爸爸打破,只要爸爸在家,这个规则就不起作用。

当孩子意识到父母的权威并非坚不可摧时,就会下意识地成为"两面派",选择有利于自己的一方结盟或者"钻空子"。孩子在妈妈面前一个样,在爸爸面前一个样,选择有利于自己的一方,就像强强一样,妈妈不让玩,但找爸爸就可以。

强强爸爸的方式看似和孩子有一个好的关系,但这种关系是不利于孩子发展的,这种亲子关系不是建立在亲密、理解、关心、支持等基础之上,而是建立在利益的基础上,并不是真正亲密的亲子关系。

父母应该怎么做?

与孩子有关的话题,不要当着孩子的面吵架,而应私下沟通。夫妻之间有冲突很正常,吵架也是解决问题的一种方式,但需要注意的是不要当着孩子的面吵架,尤其是与孩子相关的事情,一定要避开孩子进行沟通。如果当着孩子的面,夫妻因为孩子的事情吵架,比如让不让强强玩游戏,孩子就会知道父母意见不统一,会成为两面派,甚至选择支持自己的那一边,那就很难管教孩子了。

父母双方在孩子面前统一。即使父母之间对孩子玩游戏的态度存在分歧，在孩子面前也要形成统一，千万不能在孩子面前攻击对方，拆对方的台。强强爸爸就是典型的拆妈妈的台，强强知道爸爸的态度后，知道爸爸会支持自己，会让妈妈很难管教孩子。

妈妈要支持爸爸，让爸爸学会和孩子相处。妈妈的哪些行为强化了爸爸对孩子的讨好？有一些妈妈可能和强强妈妈一样，家里的事情都是自己全权打理，丈夫很少参与。往往丈夫回来的时候，就会有诸多抱怨。丈夫参与少，自然就和孩子相处少，对孩子的了解也少，不知道如何和孩子相处。有的妈妈会抱怨和指责丈夫，越抱怨和指责越会让丈夫有挫败感，进而选择"捷径"，就像强强爸爸一样想方设法讨好强强，买手机，允许孩子玩游戏，也不管是否对孩子有害，还有就是越来越少参与孩子的教育。如果你和强强妈妈一样，**现在需要做的就是停止抱怨，给丈夫一些支持，教丈夫如何和孩子相处，同时也在孩子面前停止抱怨孩子爸爸，引导孩子接纳爸爸，创造丈夫和孩子相处的空间**，这样就可以建立起一个正向的循环。孩子愿意接近爸爸，爸爸就愿意花时间和孩子相处，也会少使用一些不恰当的讨好孩子的方式，妈妈也会更轻松、更少抱怨。

第四节
允许孩子发点小脾气

聪聪被父母带到咨询室是因为聪聪想玩游戏，当父母坚持不让玩时，聪聪就会发脾气，发起脾气来还很吓人。聪聪现在上小学四年级，个子逐年增高，现在的力气比妈妈还大。父母有时候会被聪聪吓坏，前阵子聪聪推了妈妈一下，差点把妈妈推倒，父母担心聪聪再大一些之后会出现暴力行为，这才是真正让父母担心的。现在父母的希望是孩子能好好学习，不要乱发脾气。

孩子在咨询室里一句话都不说，眼神中流露出对父母的不满。我让父母描述一下聪聪发脾气之前和之后，父母和聪聪都做了些什么。

父母讲道，一般都是在聪聪长时间玩游戏之后，父母让聪聪停下来，聪聪一时半会又停不下来，要么就是妈妈去断网络，要么就是爸爸强行把聪聪从椅子上拽下来，或者是把聪聪手里的手机一把夺过来。完了之后聪聪就会发脾气，对着父母大喊大叫，现在力气大了，还会抵抗父母。当聪聪大喊大叫的时候，爸爸就会冲上去和聪聪"对吼"，甚至出手打人，以前还管用，随着聪聪越长越大，这一招似乎也开始不管用。

我再问到第一次聪聪发脾气时的状况，妈妈说："记不清楚了，反正这孩子从小就喜欢发脾气，大部分时候是因为不满足他的要求，他就发脾气，小时候发完脾气后他爸就揍他一顿，现在大了不打他了。我觉得打人不好，但是给孩子讲道理他也不听，有时候我也会气急败坏地对他吼。"

而在咨询的另一些案例中却是相反的情况，萌萌的父母特别受不了女儿发脾气，总觉得女孩子应该要淑女，萌萌的父母都是老好人，他们秉持的观点是怒伤身，以和为贵，发脾气是不好的。当萌萌发脾气的时候，父母就开始给萌萌讲道理："孩子你想要做什么可以好好说，但不能发脾气，发脾气是不好的……"有时候这种述说能起作用，有时候会让萌萌觉得更烦，这种时候父母一般会立马妥协，萌萌想继续玩游戏，那就玩吧，萌萌父母觉得自己真拿孩子没办法。

你是如何看待孩子发脾气的呢？没家教，不自律，脾气不好，还是其他？你又是如何看待发脾气的呢？不应该发脾气，发脾气伤身体，发脾气是不好的，女孩子要淑女，男孩子要绅士。在中国的文化中，强调"以和为贵"，所以很多人对于孩子发脾气，第一反应都是不喜欢的。这是我们对孩子情绪理解出现的误区。所以很多父母面对孩子发脾气时，会觉得很受挫、很无奈或者很愤怒，除非受过专业训练，否则很少有父母能在第一时间很平静地面对孩子发脾气的行为。

所以，孩子发脾气对父母来说极具挑战性。在聪聪的家里父母采用的是"以暴制暴"的方式，有的父母也是这样，孩子发脾气，父母采用的是我比你发更大的脾气来制止你发脾气，你冲我凶，我比你更凶。这种威慑的方式在孩子小时候乍看起来很有用，父母一发脾气，孩子就不得不停下来了，但这并不能制止孩子下一次发脾气。**从父母"以暴制暴"的方式中，孩子学到面对挫折的方式是 ——发脾气、采取暴力**，因为这正是父母面对自己受挫时选择的方式。以后孩子还会用发脾气来解决问题，不仅仅是在玩游戏上，在家里和学校的其他场合也会采用这种方式。刚开始很多父母都和聪聪父母一样，觉得这样没问题，在咨询中也不止一对父母表示过真正让他们担心的是孩子越长越大，力气也越来越大，这种方式越来越不奏效，同时也担心孩子的暴力会伤害到自己。

萌萌的家庭却相反，父母面对孩子的发脾气很受挫、很无奈，没有别的办法，父母采取的是讲道理的方式，但讲道理的方式不是每次都管用，一旦不管用时，父母就觉得管不了孩子，于是孩子发脾气就满足孩子，这种做法会鼓励孩子发脾气，因为发了脾气就能达到自己想玩游戏的目的。

在玩游戏这个问题上，父母既不能"以暴制暴"，也不能随便妥协，那父母到底要怎么办呢？

父母应该怎么做？

发脾气这种行为背后的原因往往是愤怒。想要减少孩子发脾气的行为，或者是让孩子尽快平静下来，首先要做的就是接纳孩子的情绪——**愤怒不是不好，而是人正常的情绪表达，愤怒是人非常正常的情绪。**

愤怒是一种具有保护功能的情绪，比如，当你的利益受到侵害时，如果你一味忍让，那么你的利益可能会持续受到侵害；如果你发火或者愤怒，或许能保护自己的利益不受侵害。另外，小学生发脾气不是没家教，而是他们在这个阶段的情绪特点就是外露，他们会毫无掩饰地在表情和行为上体现出来，他们对情绪的管理和控制能力远不如成人。

当我们接纳了孩子的愤怒和发脾气的行为后，父母的情绪就更容易稳定下来，相对于"以暴制暴"，父母自身的情绪稳定是孩子学习的模板，因为孩子发脾气对父母来说也是一个"受挫情景"，父母能够平静下来，也能让孩子学会在受挫时平静面对。除了给孩子良好的模仿榜样，父母的情绪稳定还能让孩子更快平静，因为情绪具有"传染性"，父母情绪的平静可以影响到孩子。我们都有这样的经验，当你情绪很烦躁时，如果突然走进一个幽静的寺庙，或者一片安静的树林，整个心情就会平静下来。所以父母的平静能带动孩子的平静，父母发脾气会让孩子的发脾气的情况愈演愈烈。

　　孩子发脾气一定有他的道理，我们要了解孩子情绪背后的需要，比如，对聪聪来说被尊重也许是很重要的，对萌萌来说也许就是想玩。在了解了孩子的需要后，最重要的一个环节，也是对于很多父母来说很困难的一个环节，就是对孩子表达理解。表达对孩子的理解比讲道理或威胁有用，很多父母都习惯于给孩子讲道理或者威胁孩子：你这样太没家教了！你不可以发脾气！你要淑女一点！发脾气不好，爸妈也不好受，你也不好受，还伤身体，如果你经常发脾气，就没有小朋友和你玩了。这样会让孩子觉得很烦躁，起不到真正引导孩子管理情绪的作用，也起不到让孩子停止玩游戏的作用。**父母对孩子表达理解,有助于帮助孩子了解和理解自己,更好地进行情绪管理。**在对孩子表达充分的理解后,再讲道理或者是协商就会更有用。比如在咨询室里,我鼓励聪聪的妈妈真诚地对孩子表示理解的表达:"孩子,对不起,妈妈错了,妈妈知道断网或者抢你的手机会让你感到不被尊重,你很生气!妈妈也是很着急,很担心你玩太长时间后眼睛受不了,以后遇到这样的情况,你说妈妈该怎么做呀?"通常在对孩子表达理解后,孩子的情绪就会平静下来,接下来就可以和孩子协商如何做。最后父母需要做的就是温柔而坚定地坚持自己的原则。

第五节
"小霸王"也有"紧箍咒"

萌萌今年8岁,上小学二年级,是家中名副其实的"小霸王"。萌萌一家三口和爷爷奶奶住在一起,爷爷奶奶照顾家里的饮食起居。在爷爷奶奶眼里,萌萌就是心目中的小公主,谁也不能欺负咱家小公主,不能惹咱家小公主不开心,包括父母也不行,所以导致萌萌在家里横行霸道。

只要爷爷奶奶在,爸妈绝对管不了萌萌,"奶奶,我想看动画片了""好嘞,宝贝想看什么?""奶奶我要玩会儿游戏!""你玩吧,奶奶给你削个苹果吃。""爷爷,和我一起玩打地鼠!""好嘞,乖宝贝"……一旦爸妈不让萌萌玩,萌萌马上跑到爷爷奶奶面前去告状,找他们当挡箭牌。

奶奶:"就让孩子玩会儿吧,作业什么时候写不是都一样?"

妈妈:"妈,现在你不知道孩子学习竞争挺激烈的,得努力!"

奶奶:"孩子才这么小,努什么力啊,强子(孩子爸爸)这么小的时候整天都在玩，不也挺有出息的。"

妈妈："妈，现在时代不同啦！"

奶奶："有啥同不同的，就玩一会，去吧，宝贝，玩一会儿再写作业。"

萌萌妈妈真的觉得管孩子很困难，还有一次周末父母二人出去聚会，临走之前叮嘱萌萌不能玩太久时间，只能玩半小时。半小时之后萌萌不玩了，爷爷问萌萌："怎么不玩了？"萌萌说妈妈不让玩了，爷爷竟然说："没事，玩吧，这是爷爷买的房子，爷爷说了算。"后来话传到妈妈耳朵里，这简直没把妈妈给气死，这样下去怎么管孩子？每次萌萌妈妈和爸爸抱怨的时候，萌萌爸爸都说："老人老了，就依着老人吧，他们也是因为爱萌萌才会这样，孩子大了自然会懂规矩的。"或者是"老人带孩子也挺不容易的，咱尽量别惹他们生气，顺着他们就行。"可妈妈是真担心，再这样继续下去，萌萌就会毁在玩游戏上了。

老人参与孩子的养育在当今中国社会非常普遍，很多父母都有这样的感受，一旦和老人住在一起，管教孩子就变得非常困难，就像案例中的萌萌父母一样。出现这种情况的原因，一是老人代替了父母的位置，孩子听老人的话不听父母的话；二是父母定的规矩，被老人破坏掉，有老人为孩子"撑腰"，孩子就变得无法无天。其实老人破坏的不仅仅是规矩，更重要的是破坏了父母在孩子面前的权力等级（权威性），让父母在孩子面前失去权威性，最终孩子变得无法无天。

一个家庭如果要良好运转，让孩子听父母的话，一是要有合适的界限；二是要有合适的权力等级，父母在家中应该是权力等级最高的。合适的界限指的是在家庭中谁行使什么功能，比如在萌萌的家庭中，很多时候爷爷奶奶行使了父母的功能，替代了父母去教育孩子，这样做会让父母越来越没有做父母的样子，让孩子成为家里的"小霸王"；权力等级就是在家里什么事情谁说了算，通常情况下父母的权力等级应该高于孩子，在一个家庭里，应该是父母说了算而不是孩子说了算。而在萌萌的家庭中，父母的权力等级被破坏，孩子的权力等级高于父母，会造成父母根本管不住孩子。这种权威并不等于控制，不等于孩子必须要百依百顺，也不等于父母事事都是对的，什么事情都要听父母的。在不同的事情上，可以有不同的权力等级，比如，孩子是否愿意与别的小朋友分享玩具，孩子的权力等级最高，可以由孩子说了算。但对于要买玩具，父母的权力等级高于孩子，由父母最终决定买还是不买。随着孩子的不断成长，权力等级也有可能会改变，比如，对于小学生来说，有关安全的问题大部分情况还是父母说了算，而对于中学生则可以更多地尊重孩子的意见和选择。

另外，在萌萌的家庭中，妈妈非常"孤立无援"，爸爸是一个孝顺的人，什么事情都顺着父母。关于萌萌的教育问题，爸爸也是甩手掌柜，尽量不和老人发生冲突。虽然表面上看起来家庭很和谐，但父母在对萌萌的养育过程中没有权威性，爸爸的这种顺从行为实际上"鼓励"了爷爷奶奶的做法。

父母应该怎么做？

现在很多父母都避免不了让老人参与孩子的养育，怎样与老人协作才能让老人成为孩子养育的助力而不是阻力呢？

很多中国的老人也很不容易，不像国外的一些老人，老了就到处游玩。中国老人非常勤劳，同时也非常愿意为子女付出和奉献，其中的一个表现就是带孙子，即使退休了也要为孩子继续做贡献，能做的就是帮助年轻的双职工夫妻带孩子。这让老人体会到很大的价值感，同时也给年轻人减少了很多负担。老人在带孩子的过程中，更容易溺爱孩子，有一个原因是自己在年轻的时候没有更多时间陪自己的孩子，现在有时间了，就对孙子孙女非常关注和宠爱。所以，我们首先要做的就是对老人表示理解，老人希望多陪陪孙子孙女，希望让孙子孙女更开心，这个初衷是好的。

但如果让老人一直这样宠着孩子，确实会让孩子无法无天，所以接下来需要做的就是让父母做回父母的位置。养育孩子是自己的责任，而不是老人的责任。很多父母也很苦恼，白天要上班，晚上回来想休息，老人时间多，参与得多很正常，也有很多现实问题无法解决。**这里建议大家将养和育分开，老人更多参与养孩子，父母更多参与教育孩子，也就是说，孩子每天吃什么可以由老人来承担，而对于孩子的教育则更多由父母来承担。**何时可以玩游戏，可以玩多久，可以玩什么游戏都由父母说了算。如果父母时间有限，可以尽量抽时间参与孩子的教育，如果时间多一些，也可以参与养孩子的过程。

也有很多父母和萌萌妈妈一样，在家里"孤立无援"，丈夫不支持自己，有些时候也不好行使父母的权力。这里有一个建议：和爷爷奶奶住在一起，爸爸要支持妈妈，和姥姥姥爷住在一起，妈妈要支持爸爸，**父母之间形成一个稳定的联盟，才能更好地行使父母的权利**，才能给"小霸王"念"紧箍咒"。

第六节
游戏促成劳逸结合？

有一次小区里的几个妈妈凑到一起，聊起了孩子玩游戏，几个妈妈的孩子年龄都差不多，都在上小学三、四年级。

豆豆妈妈说："我现在有点头疼孩子玩游戏的事，在家里就抱着iPad玩，大人出去聚会时也非要我的手机，我实在是磨不过他，大部分时间都让他玩了，但是又担心孩子眼睛受不了，大家都是怎么处理这种情况的啊？"

强子妈妈是典型的虎妈："我是坚决不让孩子玩游戏的，孩子手机、iPad都没有，我和他爸的手机和电脑都有密码，孩子根本用不了，这事儿你得管严点。"

"那你真是管教得不错，但是现在的孩子不可能不接触电子产品啊，哪能管得那么严丝合缝呢？而且小孩子玩一下也没关系啊，现在哪个小孩不玩游戏啊？"豆豆妈妈说。

强子妈接着说道："这你就不知道了，这游戏就像一个闸门，你放开了就不好管了,所以我就干脆不放开,让孩子心无旁骛地学习,对于这一点孩子怎么磨我都是没用的,现在他也知道了,学习才是他的首要任务,他也没玩的心思了。"

娇娇妈妈说:"没你说的那么严重吧?我们家娇娇也玩,但是有控制,不能无限制地玩下去,该学习的时候也得学习。"

强子妈妈说:"你是不知道,7楼的东东,就是家里大人不管,什么都依着孩子来,现在就高度近视,学习成绩也差,孩子根本没有自觉性,必须得大人管着!"

对于是否让孩子玩游戏,在你身边是不是也充满了这样的争论?究竟让不让孩子玩游戏?很多家长像强子妈妈一样觉得游戏是洪水猛兽,一旦开了闸门就关不起来,所以为了避免孩子掉进游戏的陷阱,就不让孩子接触游戏。这样的做法对吗?

其实,从儿童的心理发展来说,游戏有非常积极的意义。心理学家研究发现,适度地玩电子游戏,可以提高孩子的注意力、记忆力、推理能力,有些游戏甚至已经应用于教学中。我记得,小时候记英文字母就是通过学习机上的游戏完成的。但并不是所有的游戏都对孩子有好处,研究同时发现,暴力游戏会增加孩子的攻击行为,并且对于儿童、青少年的影响要大于成人。同时,即便是合适的游戏，也不是玩得越多就越好，**过度沉迷于游戏会影响孩子的身体健康、认知发展、与人交往的能力和学习成绩。**

另外，对于小学生而言，在大人的引导下学习自控、自律、遵守一定的规则是这个阶段的任务。玩游戏是孩子的娱乐需要，也可以从中学习一些知识和能力，家长要引导小学生控制玩游戏的时间和强度，帮助孩子学会管理自己。

一味不让孩子玩游戏，就像强子妈妈一样，让孩子在大人的管控下学习和生活，会让孩子失去学习自我管理和自我控制的机会。现在觉得孩子好管理，很听话，很专注于学习，将来脱离大人的管理时，孩子就会一下子无所适从，反而容易变得失控。在我们做大学生网络游戏成瘾团体工作时发现，有一部分大学生沉迷于网络游戏，竟然是因为以前从来没有接触过游戏，一接触就难以自拔，往往这类学生的沉迷程度比一直玩游戏的学生要严重很多。从心理学的角度很好解释这个现象，**适当玩游戏是对游戏的脱敏过程，**如果孩子从来没有玩过游戏，一旦接触游戏，游戏的吸引力就会非常大。如果玩过游戏，那么游戏的吸引力就没那么大了。

同样，一味放任孩子玩游戏，也会让孩子失去学习自我管理和自我控制的机会，家长的引导很重要——如何在玩游戏时学会自我管理和自我控制，平衡游戏和学习的关系。

父母应该怎么做？

孩子有玩乐的需要，像强子妈妈那样不让孩子玩游戏，就像把一个洪水的闸口给堵上了，只堵不疏，也许现在管用，一旦孩子长大接触到游戏，有可能会一发不可收拾，终有一天洪水可能会冲破闸门而造成巨大的伤害。父母要怎么做呢？如果使用得当，游戏也可以是学习的好帮手。所以家长首先需要知道的是，游戏不是洪水猛兽，玩乐是孩子的正常需要，允许孩子玩游戏，劳逸结合会提升学习效率，对于身心发展来说，懂得玩的孩子身心更健康。

但如果放手让孩子玩游戏，小学生的自我控制和自我管理能力还没有完全形成，容易失控，所以需要家长的引导和监督，父母要帮助孩子学习自我管理和控制，从这个角度来看强子妈妈有一部分是对的："孩子根本没有自觉性，必须得大人管着！"其实不完全是孩子没有自觉性，而是小学生还不具备这种自我管理的能力，尤其是低年级的小朋友，随着年龄的增加，自我管理的能力会越来越强。但是大人要怎么管呢？是事事都管着孩子呢？还是逐步让孩子学习自我管理？前者也会规范孩子的行为，但离开父母，孩子就极有可能深深地陷入游戏之中，因为都是父母管着自己，孩子并不会自我管理。后者才是聪明父母的做法。

在玩游戏上怎么让孩子学会管理自己？

首先，父母要避免笼统地告诉孩子："你只能玩10分钟！"而是和孩子一起制订玩游戏的计划和规则。**父母单方面制订计划和规则，可能会遭到孩子的抵抗，而让孩子参与制订计划，发挥了孩子的主动性，也增加了孩子对规则的认同感和依从性。**

让孩子承担玩游戏而带来的自然结果，比如，孩子因为玩游戏而没有写作业，第二天可能会挨老师批评，父母不要替孩子写作业，对于孩子要完成的作业，父母不要比孩子更着急。

避免笼统地告诉孩子："你要自觉！""不能玩太久！""玩一会儿就要休息一会儿！"大部分时候，对于小学低年级的孩子你会发现他们并没有那么"听话"，是因为他们的自我管理能力有限，特别是玩得入神时很难马上停下来，家长遇到这种情况都有困难，何况孩子。这个时候可以坐到孩子旁边，温柔而坚定地提醒孩子：**"该停下来了！"** 大部分家长都是吼着说这句话，但如果**家长温和而坚定地说这句话，效果比吼着说要好很多。**如果孩子正玩得尽兴，可以这样提醒孩子："你玩得正带劲吧？那过了这一关就停了啊！马上要吃饭了。"这样孩子既能感受到家长的理解，同时也能听到父母的提醒。

第七节
游戏不是好奖励

童童妈妈特别得意自己的教育方法，周围的朋友都觉得童童被妈妈管教得很好，聪明漂亮，学习成绩非常好，在班上名列前茅。课余时间学弹钢琴，是学校乐团的主力。又是班长，很懂礼貌，一直是妈妈们眼中"别人家的孩子"。是什么让童童妈妈把童童教育得如此好呢？原来童童妈妈有她的秘诀——

"孩子做得好的就得奖励，这样孩子才有动力去做好！"

"你都是怎么奖励孩子的？"小区里一个妈妈问道。

"说到奖励，凡是你希望孩子做的，如写作业、考试考到多少名、复习功课、画画、练琴等，只要孩子做到了你就给孩子奖励，前阵子童童考了第一名，我就给她买了部手机。小孩不都喜欢玩游戏吗？我也不反对孩子玩，但是玩游戏得有条件，如果她考不好了，就不能玩，考好了才能玩。同样，不练琴也不能玩，练完就能玩！其实管孩子挺简单的，我们家就这样，做好了孩子才能得到她想得到的。"

但近几年,随着童童年龄的增长,童童妈妈发现女儿没有以前快乐了,以前考好了给孩子买部手机,或者允许孩子玩游戏,孩子开心得不得了,现在即使妈妈说给买个iPad,童童也没有以前那么兴奋,学习上也不如以前有动力了,做什么事情都提不起兴趣,连玩都不喜欢了,童童妈妈开始怀疑,自己的教育究竟哪里出了问题?

奖励孩子本身没有错,但童童妈妈的奖励、表扬后面像是一个个设好的陷阱,在每一个陷阱里都有吸引孩子的东西——游戏、玩、手机、时间等。而父母可以通过这样的"设计"让孩子"自投罗网",成为父母希望的样子、做父母希望做的事情,如做一个乖乖女、好好学习等。有的父母自认为这样做很聪明,可以通过这样的方式去塑造孩子,但实际上这些陷阱极有可能把孩子给埋进去。这种奖励背后是控制,而控制的意思就是你只能按照我所要求的去做,而这种奖励的控制其实杀伤力比批评更大。一个孩子如果因为做得不好挨父母批评,他可能会难过,而且父母也倾向于直接表达他们的期待,这样孩子可能会很不自信。而被奖励控制的孩子情况可能会更糟糕,父母没有直接表达自己的期待,而是潜藏着期待,表面上是我鼓励你、奖励你、欣赏你,**当孩子没有达到父母的期待时,他连难过都不允许自己有,更多的是迷茫和混乱**。这是因为外在奖励让孩子失去了对学习的内在兴趣和动力,孩子并没有根据自己的内心体验去决定自己要做什么,想做什么,都是根据外在的奖励被动去做,会离自己真实的感受越来越远。这也是为什么随着童童的长大,这些奖励越来越不能让童童开心,因为她不知道自己真正想做的是什么。

有这样一个关于动机的小故事,7个孩子在一位老人家门前嬉闹,叫声连天。几天过去,老人难以忍受。于是,他出来给了每个孩子一元钱,对他们说:"你们让这儿变得很热闹,我觉得自己年轻了不少,这点钱表示谢意。"孩子们很高兴,第二天仍然来了,一如既往地嬉闹。老人再出来,给了每个孩子五毛钱。他解释说,自己没有收入,只能少给一些。五毛钱也还可以吧,孩子仍然兴高采烈。第三天,老人只给了每个孩子五分钱。孩子们大怒了:"一天才五分钱,知不知道我们多辛苦!"他们向老人发誓,他们再也不会为他玩了!就这样,老人顺利地达到了自己的目的。

孩子们为什么而玩呢?因为老人给他们钱?还是因为快乐而玩?人的动机分为内部动机和外部动机。如果按照内部动机去行动，我们就是自己的主人；如果驱使我们的是外部动机，我们就会被外部因素所左右，成为它的奴隶。在这个故事中，老人的算计很简单，他将孩子们的内部动机——"为自己快乐而玩"变成了外部动机——"为得到钱而玩"，而他操纵着钱这个外部因素，所以也操纵了孩子们的行为。从这个角度来看，童童的妈妈有点儿像故事中的老人，她通过奖励控制着童童好好学习，实际上，却让童童失去了学习的内部动力。

父母应该怎么做？

很多父母都会用奖励来养成孩子的好习惯或者培养孩子好的行为，**奖励本身没有错，只是不要滥用奖励**，通过奖励去控制孩子，这样会让孩子失去做事情的内部动力。那父母要如何保护或者激发孩子的内在动力呢？

首先要避免凡是父母希望孩子做的事情都给奖励，这样会激发孩子做事情的外部动机，因为有些事情可能是孩子想做的，有些事情可能是孩子不想做的。给予孩子体验和探索的自由，而不是只让孩子做父母想让他做的事情，这时孩子才会更加了解自己，知道自己想要的是什么，在此基础上鼓励和奖励孩子，能让孩子真正感觉到被支持和认可，有助于激发孩子自身做事情的动力。

对于孩子做得好（尤其是孩子自己特别喜欢的事情），但父母并不支持的行为也给予欣赏和奖励，比如，你的孩子非常喜欢音乐，但你并不希望他花太多时间在音乐上，当他拿到一个音乐奖项时，要为孩子感到高兴和欣赏孩子，这样有助于保护孩子做事情的内在动力。

用什么奖励孩子也有技巧，游戏不是好奖励，玩也不是好奖励，游戏和玩都是孩子正常的需要。就好像一个孩子表现好，家长才允许他吃饭一样。如果只有在孩子表现好的时候才能玩游戏，那会让孩子认为如果我表现不好，那我是不能玩的。到孩子成年后，如果孩子处于压力或者失败之中，本身需要的是放松和休息，但是他却不允许自己放松，这样就更难从压力或者失败中走出来。好的奖励是满足孩子基本需要之外的，如额外的玩的时间，可以不用太长，或者是一次额外的旅行。

第八节
游戏要拿得起也放得下

东东今年11岁，上小学五年级，最近因为东东玩游戏的事情，家里经常闹得天翻地覆，原因是东东一玩起游戏就跟着了魔似的，父母怎么叫也停不下来。

一个周末，东东玩得正起劲，妈妈看东东的作业还没写完，喊了好几遍，东东还是跟没听见一样，继续自己的游戏战斗。妈妈终于控制不住，气势汹汹地冲到东东面前："我看你怎么玩！"这几乎是吼的，然后就把东东的电脑电源给拔了！第一次遇到这种情况，东东被吓住了，乖乖去写作业。后来再遇到类似情况，就不管用了，东东开始和妈妈对吼："你干嘛拔我电源！"然后怒视着妈妈，恨不得要和妈妈打起来。

东东爸爸觉得妈妈的脾气太火暴，这样也不起作用，爸爸就采取了另外一种做法：硬的不行，咱就来软的。"儿子，你看你玩了一小时了，该休息休息了，爸爸给你切了水果，你先吃点水果啊!""儿子,你休息会儿吧,跟爸爸出去散散步去!"爸爸用了好多招数,有时候有用,大部分时候东东都嫌爸爸烦,一定要玩完这一局才肯停下来,有时候玩完一局还想玩。

有一些父母在孩子沉迷于游戏时,使尽浑身解数,孩子就是玩得停不下来,家里吵的吵、闹的闹,就是不管用,有的孩子甚至和父母打了起来。这严重破坏了亲子关系,甚至夫妻关系。很多父母就是不明白,游戏哪有这么大的吸引力?让孩子跟着了魔一样,不惜和父母闹僵也要玩。

孩子对游戏上瘾最重要的特征就是出现了对玩游戏的渴求,也可以说是渴望,很想玩,玩的时候想继续玩下去,停下来的时候这种想玩的愿望还在。其实每一个正常人都有一定的渴求,比如,对美食的渴求,对游玩的渴求,对漂亮衣服的渴求,等等。渴求到一定程度的时候才会成为"瘾",成"瘾"之后,这种渴求就会变得难以控制。像案例中的东东,玩游戏玩得正起劲的时候,正是对游戏的渴求正强烈的时候,这个时候如果要其停下来会很困难。

心理学家发现渴求可能是被诱发的,如情绪状态不好时,如看到别人在玩时,如遇到挫折时,这些都可能是诱发渴求的因素。心理学的研究发现，放松训练对于平复这种强烈的渴求有帮助。所以当妈妈对东东吼叫，会让东东感到烦躁，这种情绪会增强东东想继续玩的愿望，妈妈的平静反而会产生更积极的作用。所以父母越发脾气，孩子越想玩，越难停下来；父母越冷静，越有助于孩子停下来。东东爸爸的情绪看起来很平静，但是为什么也没有用呢？因为东东爸爸采取的是很柔和的方式，一味依着东东来，平和是平和了，但是一点效果都没有，起不到管教孩子的作用。

父母应该怎么做？

既然父母的情绪稳定和平和有助于减少孩子对游戏的渴求，那父母该怎么做呢？有一个关键词是"温柔而坚定"。

建议父母走到孩子面前，让孩子能够看到自己，在和孩子讲话时，先请孩子看着自己："宝贝，可以暂停一下吗？可不可以现在看着我说话。"这是一个很有力的打断技术，既尊重了孩子，同时也可以让孩子暂时停下来，转移了孩子的注意力。如果孩子玩的是联网游戏不能停下来，如果你愿意等他把这局玩完，你可以坐到孩子旁边："宝贝，可以停下来吗？妈妈知道你这会儿玩得很带劲，这局结束后就停止，好吗？"如果孩子愿意你也愿意，你可以继续坐在孩子旁边,看着孩子玩,等结束的时候提醒孩子停止。如果孩子还想玩一局,你可以这样说:"现在看着我,我知道你还想玩,但是你已经玩了一小时了,现在需要休息,等明天再玩。"

这个时候和孩子沟通,一定要让孩子看着自己,当一个人在玩游戏玩得入神的时候,他根本不知道自己在说什么。我们都有这样的经验,孩子玩得入神时,对于父母提的要求全部都答应,其实他也不知道自己在答应什么,只是希望父母能快点结束,让自己安静地玩。所以父母一定要让孩子看着自己,这样会把孩子的注意力拉到对话上来。另外,对话尽量简短,只把现在的要求和希望提出来,避免一句话反复说,也不要在这个时候讲过多的道理。在提出自己的要求时,要温柔而坚定,父母可以在一起互相做练习,温柔的语气,不急躁、不发脾气,但其中透着坚定,如果父母不坚定,就会像东东爸爸一样拿孩子没有办法。

如果孩子行为完全失控,父母亲的任何管教都没有用,这说明有可能孩子成瘾比较严重,这时需要求助专业的心理咨询师,或者精神科医生做专业的诊断和治疗。

第九节
玩游戏不拖延，写作业就拖延，怎么办？

"豆豆，作业写完了吗？"妈妈问。

"还没呢！"豆豆有些心不在焉地回答。

过了一会儿妈妈又问："你赶紧啊，还差多少？"

"就剩最后一页了。"

"你都写了一小时了，就那么点作业怎么还没写完啊？"

"哦，快了！"

"写完了得赶紧睡觉了，明天得早起，别又磨蹭迟到了！"

"嗯，知道了！"

豆豆妈在旁边非常着急，真是恨不得替孩子把作业写完，有催着孩子的工夫，自己都把事情做完了。

豆豆妈是一个风风火火的人，豆豆却是一个慢性子的孩子，有时候看着豆豆收拾个书包就磨蹭半天,眼瞅着要迟到了,干脆妈妈自己上,三下五除二给豆豆把书包整理好,赶紧出门。写作业也是,豆豆妈真是越看越着急,越看越生气。关于磨蹭这个事情妈妈真是只能在旁边干着急,说过好多遍了,豆豆就是快不起来。

可是,最近妈妈发现一旦玩起游戏来,豆豆可一点都不磨蹭,完全变了一个人,非常专心、非常投入,甚至进入一种忘我的状态。这简直让妈妈气不打一处来,原来觉得孩子是性格问题,现在看来是态度问题,玩的时候一点都不耽误,但是学习就不行。后来妈妈也不让豆豆玩游戏,一定要把这个"态度"问题给矫正了。可是豆豆的拖延还是没有一点变化,甚至越来越严重,经常会上课迟到,忘记带东西,忘记写作业或者就是写作业的时间根本就不够,妈妈得陪他到很晚才能写完。

豆豆妈为此听了一些心理专家的讲座,豆豆妈才了解到其实这也不是态度问题,其中更多的是心理原因。

在教育孩子的过程中,你是不是也和豆豆妈妈有同感?自己全身心地扑到了孩子身上,所有的时间都用来陪孩子、教育孩子,但是孩子就是不配合,自己忙得团团转,孩子却拖延得不行。就好像自己总是那个冲锋陷阵的,孩子总是那个拖后腿的,或者是坑战友的。作为父母,有时候真的是着急得不行。最让人生气的是,一旦玩起游戏,孩子的拖延毛病就全都不见了。

关于拖延有很多原因,其中一个原因是有的人天生就是慢性子,做什么事情都不紧不慢,这是一个人的天性。慢性子的人几乎做什么事情都慢,很显然豆豆不是这种类型。还有的孩子拖延是因为能力有限,在别的孩子能完成任务的时间里,他完不成。对于能力有限的孩子,你会发现简单的学习任务能完成得很快很好,难的就不行,就开始拖延了。还有一种情况,拖延是孩子用来攻击父母的"武器",这种攻击不是直接的、主动的攻击,比如,发脾气、提要求、指责等,而是表面上很顺从父母但实际上又让父母不省心的一种被动攻击。

被动攻击,往往是弱者的"武器",人的内心需要一种平衡机制,如果正常的途径被压制,那么就会发展出另一种途径。 豆豆妈妈和豆豆的关系是失衡的,妈妈明显处于强势,豆豆明显处于弱势。妈妈很辛苦,什么事情都替孩子做主了,什么事情都操心,在生活中,豆豆几乎不能为自己做主。当这种不能自主的情绪长期被压抑又不能表达的时候,人会用一种更为隐秘、更为被动的方式来表达自己的不满,这就是被动攻击。然而这样的孩子会出现一些莫名其妙的状况：完成不了很简单的事情或者把事情搞砸了；总是拖延，而且孩子会表现出主观上他也不想拖延，这种拖延让人感觉像是没有能力完成；或者是很容易兑现的承诺却没有兑现；遗忘一些事情等。总之，孩子会常犯一些莫名其妙的或者低级的错误，让父母暴跳如雷。

就像豆豆，玩起游戏来一点都不拖延，豆豆做自己感兴趣的事情一点都不会拖延，只是在做妈妈让豆豆做的事情时才会表现出拖延。表面上看这个孩子没什么问题，态度也挺好，对妈妈也顺从，作业努力完成，事情也努力做，妈妈让他做什么他也做，但他在用一种隐蔽的方式对妈妈表达不满。他没有表达出强有力的愤怒，甚至没有表现出一点愤怒，但他通过拖延的方式最终达到了效果，让妈妈有时候暴跳如雷，这和直接用愤怒攻击没什么两样。

那豆豆不满的是什么呢？妈妈觉得很委屈，自己为孩子操劳这么多，大大小小的事情都替孩子决定了，孩子还有什么不满呢？每个人都有自主的需要，豆豆也一样有自主的需要，他想玩什么、买什么、吃什么、穿什么、上什么课外班完全都由妈妈操办，他一点都不能为自己做主，同时还不敢表达，一表达妈妈就会说，"我这都是为了你好"。作为家长反过来想，**如果你的所**

有事情自己都做不了主，都由别人说了算，而且自己还不敢表达，你会是什么反应？ 也许你也会发展出一些被动攻击的方式来表达自己的不满。

父母应该怎么做？

自主是每个人的需要，小学生还未成年，还不能完全为自己的行为负责任，所以，家长可以给孩子一定范围的自主权，而不是一味地听父母的话。比如，孩子喜欢什么玩具，课外想看什么书，想报什么课外班，吃什么东西，穿什么衣服，都可以在一定程度上为自己做主。

很多父母认为孩子还小，不能为自己做主，大人应该要引导孩子，或者是大人要替孩子做主，大人的想法、看法都比孩子要成熟，已经有了很多经验，所以应该大人替孩子做主，等孩子长大了再自己做主。这种想法表面上看几乎无可厚非，实际上有很大的问题，如果从小不培养孩子的自主意识，那孩子从哪里去学习自主呢？这些家长发现，即使长大以后，孩子也缺乏自主的能力，凡事很依赖家长，家长越发觉得必须得替孩子做决定。这种环境下长大的孩子，就会离自己内心真实的想法越来越远，不知道自己的感受是什么，不知道自己喜欢什么，也不知道自己要做什么，对未来很迷茫，因为从小都是听父母的，他们从来不用独立思考。突然有一天父母说："你长大了，你得自己做决定，你得独立思考。"这些孩子会手足无措，因为他们从来没有机会去学习独立思考。所以，要从小培养孩子的自主意识，让孩子有机会去学习自主。

培养孩子的自主意识最重要的一个做法就是建立民主的家庭氛围。专制的父母只会提要求，而民主的父母会询问、会协商，让家里的每个人都有机会表达自己，都可以发表自己的意见，而不是"一言堂"。专制的父母会直接表达要求："今晚吃……""明天穿……""课后上……"，民主的父母会问："你想吃什么？""明天你想穿什么？你可以先把衣服挑出来。""课后想上什么班？"这并不代表父母一点不能发表自己的意见，父母也可以发表自己的看法和建议，帮助孩子去做决定，而不是替孩子做决定。对于玩游戏，专制的父母不让玩，而民主的父母会问孩子，想不想玩，和孩子协商什么时候玩，比如，每周五写完作业之后可以玩半小时，周末每天可以玩半小时。

第十节
孩子玩游戏入迷，不吃饭怎么办？

有一次朋友聚会去早了一点，朋友们都还没到，正好隔壁桌有三个妈妈和孩子，我便开始观察他们。隔壁桌的妈妈们绞尽脑汁让孩子吃饭，原来孩子正在玩游戏，小男孩们大概八九岁的样子，家长叫了好几遍，孩子们就是充耳不闻，第一个妈妈开始威胁孩子："×××，你现在不吃，一会儿也不能吃了！""马上，马上……"孩子们头也不抬地回应到。第二个妈妈采用了怀柔的策略："宝贝们，赶紧来吃饭吧，再不吃菜就凉了，赶紧赶紧的，吃完了再去玩！"第三个妈妈每隔两分钟就喊两声，喊了好几次。大约又过了20分钟，孩子们争先恐后地奔向饭桌。

其中一个孩子受到了严厉的惩罚，妈妈让他站在餐桌旁边反省，真的没让他吃饭，另一个孩子的妈妈在孩子吃饭的时候一直在念叨："你看，你玩游戏就不好好吃饭，这样可不行，下次一定不能这样了啊，菜都凉了，一会儿还得去上课呢，再晚又要迟到了……"还有一个妈妈则让服务员给孩子盛好了饭,请服务员热了热菜,让孩子专心吃饭。

被罚站的男孩垂头丧气地站在餐桌旁,眼睛都不敢正视大家,另一个孩子的妈妈说:"差不多就行了,赶紧让孩子吃饭吧。""不能这么轻易放过他,要不然他下次还不知错,得让他记住了!"男孩的妈妈说。过了一会儿男孩的妈妈问男孩:"知道错了吗?"男孩小声说:"知道错了。""那吃饭吧!"男孩妈妈的话依然透露着严厉,男孩才坐下来和大家一起吃饭,其中有的菜已经凉了,另一个妈妈想请服务员热一下,男孩妈妈说:"热什么热?不热了,玩游戏不吃饭就没有热饭吃,下次想吃热饭就要马上停下来。""孩子嘛,也别这么认真了,让孩子好好吃饭吧,热一热,要不然对胃不好!"另一个妈妈说,男孩妈妈说:"这孩子就得管,也得让他尝尝不停下来的后果,要不然他总是这样,你就不好管了,特别是男孩子,得严厉点!"

可能你也遇到过类似的情境,你是其中的哪位妈妈呢?不让孩子吃饭的严厉管教的妈妈?孩子吃饭一直念叨的唠叨妈妈?还是那个安心让孩子好好吃饭的妈妈?如果你是那位安心让孩子好好吃饭的妈妈,那么恭喜你,你对孩子的爱大于孩子的表现,孩子本身比表现更重要。如果你是后面的两位妈妈，那么你的教育就需要有一些调整了。

这是一个让众多妈妈们非常头疼的一个场景，孩子们玩游戏玩得入迷了，叫吃饭叫了好多遍都不理会，有的妈妈担心孩子的健康，有的妈妈担心孩子养不成良好的饮食习惯，还有的妈妈像那位严厉管教的妈妈一样——觉得孩子不管就不行，一定得管，连吃饭父母都管不了，以后孩子还得了吗？以后还怎么管孩子？如果你有这样的想法，那就一定得反思一下自己的教育方式。

严厉的妈妈是把管教和规则看得非常重要的妈妈，通常都会有这样的想法：如果现在不好好管孩子，将来就更不好管了。唠叨的妈妈非常矛盾，一方面让孩子吃饭，但另一方面又不让孩子好好吃饭；我猜测这个妈妈对游戏的态度也很矛盾，一方面让孩子玩，但另一方面又不让孩子好好玩，孩子玩了游戏，但是还要接受玩游戏过程中或者之后的唠叨；安心让孩子吃饭的妈妈允许孩子玩游戏，同时对规则也很有弹性，孩子可以安心享受玩游戏的过程而不用有任何心理负担。

如果你是孩子，你更喜欢哪位妈妈？我猜很多人都会说喜欢安心让孩子吃饭的妈妈。接下来思考一下这个问题：你会更愿意听哪位妈妈的话？有人会听严厉妈妈的话，但并非出自自愿，而是一种压力和被威胁,有点像不得不听,有些不情不愿,甚至听的过程中会带一些反抗或者抵抗。在咨询中曾经有位小学生的妈妈就反馈过,自己管孩子有多严格,孩子就有多抵抗,孩子不学习玩游戏,她就对孩子发脾气,孩子发脾气,她就打孩子,一直到孩子听话为止。后来在咨询过程中练习用另一种方式去"管教"孩子,妈妈用更加平和但又坚定的语言去表达,第二次的时候妈妈反馈说孩子不仅没有发脾气,还听话了。也许你最愿意听安心让孩子吃饭的妈妈的话,这种听话更主动、更情愿。所以,如果你想让孩子养成良好的习惯,想让孩子少玩游戏,想让孩子守规矩,你就得让孩子主动听你的。

家长要怎么做?

人比行为更重要。我经常会请家长思考这样一个问题,您希望您的孩子成为什么样的人?很多家长说,我希望孩子学习好,听话,乖,好好学习,有成就,有出息,出人头地。接下来我会问另一个问题:您希望您的孩子好好学习,有出息,这对您来说或者对孩子来说意味着什么?很多家长会回答:孩子将来会过得好。我接着会问:什么样的生活意味着孩子过得好?有的家长会回答:孩子过得开心、满足。原来大部分家长希望孩子好好学习、有出息,就是希望孩子将来能过得幸福,而成绩好、有出息就是幸福的保障。但实际上对孩子来说并不一定是这样。成绩好、有出息就意味着能幸福吗?相信大部分父母的回答都是否定的,**真正的幸福来源于你能成为你自己,而不是别人希望的样子**。所以,管教的目的是什么?不是让孩子成为你想要他成为的人,而是允许或者帮助孩子成为他想成为的人。孩子本身高于规则,很多家长关注的是守不守规矩,听不听话,把这个凌驾于孩子这个人之上,常常因为过于关注孩子的行为是否符合规范,或者是否听话而忽略了孩子的需求。

如果你只是希望孩子成为你想要他成为的样子,孩子会有逆反心理,会反抗、会叛逆,有的孩子不会主动或者表现出反抗,但会发展成被动攻击。最严重的情况就是孩子不知道活着的意义是什么,会尝试自杀。

要怎么管孩子?首先管教孩子要有爱,这点很多家长都能做到,都是带着一颗非常爱孩子的心去管教孩子,不管是威胁还是唠叨,背后都是爱孩子的一颗心。但管教孩子光有爱不行,就像那个严厉的妈妈,她很爱孩子,但是她并没有尊重她的孩子。所以管教孩子还要尊重孩子,我猜那个被罚站的孩子当时是很窘迫和尴尬的,如果有个地缝,他一定想要钻进去,**孩子有被尊重的**

需要，你尊重你的孩子，你的孩子才会学到自尊自爱。最后管教孩子要有弹性，安心让孩子吃饭的妈妈很有弹性，也许在她家并非没有规矩，只是这个妈妈懂得弹性，也懂得尊重孩子，这种弹性也会让孩子学习到如何弹性地去处理生活和学习中的事情，而不是一根筋钻牛角尖。

第十一节
要玩就让孩子好好玩

西西是个非常聪明的孩子，刚上小学一年级，成绩也不错，西西的妈妈是一个非常细心的妈妈，把西西照顾得无微不至。在家里，西西妈妈不想让他玩太多游戏，但西西最近迷上了一款游戏，西西妈妈心里是不想让孩子花太多时间在游戏上的，但又觉得玩一会儿也没事，所以她内心很矛盾，每次在西西玩游戏的时候，隔几分钟就过去让孩子休息一下，或者给孩子递水喝，要么就是削水果给孩子吃。每当西西玩得正在兴头上的时候，都觉得妈妈很烦，有时候甚至会和妈妈急起来。很多时候西西都不能在规定的时间内停止玩游戏，总会多玩一会儿，按西西自己的话说，总觉得没玩够。

西西除了没法专注于游戏，很多时候也没法专注于学习。西西妈妈是一个非常注重孩子教育的妈妈，一下课就带孩子去参加各种各样的课外班。在北京有很多课外班是允许父母进课堂的，尤其是低年级孩子的课外班。上课期间，当有点空档的时候西西妈妈就给西西递水喝；当看到孩子低头写字的时候，妈妈就马上过去提醒孩子抬头挺胸坐端正；当老师提问的时候，西西妈妈在旁边很着急，生怕西西回答不上来；当西西走神的时候，妈妈马上拍他让他集中注意力。在课堂上很多妈妈都和西西妈妈一样，孩子在上课，家长在手忙脚乱做各种事情。在家里写作业时也是一样，妈妈一会儿让西西喝水，一会儿让西西吃点水果，一会儿让西西坐端正了。

即使妈妈这么提醒西西，但西西还是有一些问题：注意力不集中，总是容易走神，玩游戏的时候总觉得玩的时间不够，还想玩。这究竟是为什么呢？

你是不是也和西西妈妈一样，对孩子照顾得无微不至，即使孩子在玩或者学习的时候，也在无微不至地照顾孩子呢？很多妈妈都有这样的习惯，觉得自己是在关心和照顾孩子，而没有意识到在孩子玩或者学习的时候，这种关心和照顾往往成了干扰。现在我的妈妈还会这样"关心"我，当我在房间专注做我的事情的时候，一会妈妈会推门进来问我要不要吃水果，一会进来问我一个事情，所以在家是很难专注做事情的。

对于不想让孩子做的事情，比如，玩游戏，父母总是喜欢去打岔和干扰，原因是有的父母在潜意识里觉得这样可以让孩子少玩一会，也有关心孩子的成分，比如，让孩子的眼睛休息一会。对于父母想让孩子做的事情，比如学习，父母的出发点往往是为了关心孩子，比如，喝水，保持良好的坐姿，甚至有的父母会立即指出孩子写作业时出错的地方，都是想帮助孩子。

听起来父母的出发点都是好的，那么这样做会有什么后果呢？ 在孩子做一件事情的时候，这会破坏孩子的注意力。很多家长都会抱怨孩子不能集中注意力，老是走神，但没想到自己的一些行为无意中破坏了孩子的注意力。同时，在玩游戏的时候父母总打岔，这会让孩子总有一种玩不痛快的感觉。

小学低年级的孩子注意力有哪些特点呢？小学生的注意以无意注意为主，有意注意还不完善。他们的注意常常被活动的、鲜艳的、新颖的、有趣的事物所吸引，所以游戏非常能吸引小学生，同时父母时不时去"关心"孩子的行为，也很容易分散孩子的注意力。他们的注意很难长期保持在一个事物上。因此，小学低年级儿童的学习在15~20分钟之后，就应放松一会，然后再继续学习。整个小学低年级，帮助他们学会控制自己的注意力，发展有意注意，始终是对他们注意力培养的目标。

父母要怎么做？

放手让孩子好好玩，通过游戏训练专注力。**游戏是培养孩子专注力的一个非常好的方法，**和孩子协商，15~20分钟为一个小节，在这个时间段不去打扰孩子，让孩子专心地玩，这样可以培养孩子的专注力。

做完一件事情，再做另一件事情。比如，不要一边吃水果一边玩游戏，不要在吃饭的时候看电视。如果要提醒孩子，等孩子停下来之后再做、再说。比如想让孩子喝水、吃水果等，可以等孩子停下来之后再做，或者提前和孩子协商好。在孩子写作业时，不要打断孩子，即使有错误，也等孩子写完之后再指出。其实大人也会有这样的经验，当你正专注于一件事情的时候，突然接到一个电话，或者突然有一个人问你一件事情，你的思路就被打乱了，这时就需要再花一些时间才能重新回到所专注的事情上。

第十二节
担心停不下来的聊天

童童今年上小学五年级,想要注册微信,说同学们都有了。说了好几回,这让童童爸爸特别为难,到底要不要给孩子注册呢?童童爸爸在育儿群里问了一下,想看看别的家长都是怎么做的:"大家都给孩子用微信吗?我是有点儿担心,用了就和别人聊天耽误学习。"

欢欢妈妈回复说:"三年级孩子就开始用微信了,那个时候主要是和家人联系,不能加别的好友,现在孩子也开始加各种各样的人,进各种各样的群,每天都有好多没用的信息。但看了下孩子回复得也不多,我每天定时把手机收回来,还可以。"

牛牛爸爸回复说:"我是坚决不给孩子用手机,别说微信了,这是他上大学后才该考虑的事情。"

欢欢妈妈说:"那不现实啊,孩子要完成作业有的要用到手机APP,那怎么办?有时候作业忘记了,想在群里问一下,还是挺方便的,不让孩子用手机还是不现实吧?"

牛牛爸爸说:"要写作业就用我的手机,随时提供。问作业的话就是必须自己记住,没记住就打电话,也不是一定要在群里问,我们孩子的老师就不建议在群里问作业,这样有的孩子上课就不认真听了。"

然然妈妈说:"我去年给孩子注册了微信,孩子聊天倒还行,我给她制定的规则是只有晚上写完作业后的半小时可以聊微信,我看她也没怎么聊,只是最近她又磨着我给她绑定银行卡,说是大家都在抢红包玩,我还在犹豫呢。"

天天爸爸说:"慎重啊,一定慎重啊,我们家天天可喜欢用微信和同学聊天了,写完作业就一直在聊,聊的内容也非常无聊,无非就是明星啊,班上发生的搞笑事情之类的,还是挺耽误学习的,我在想要不要把她的手机给没收了。"

对于现在的孩子,手机不是新鲜事物,而越来越像一种必需品,有的作业需要用APP来完成,手机上也有很多学习的软件。除了游戏以外,让家长担心的就是聊天了,到底要不要让孩子使用聊天工具?一方面孩子也有和同龄人交流的需要,另一方面家长确实又不容易监管,担心和别人聊天会影响孩子的学习,甚至担心孩子加了陌生人被骗。有的孩子在群里发红包抢红包玩得不亦乐乎，但同时大人们又开始担心：这样好吗？到底要不要给孩子绑定银行卡呢？或者孩子多大了可以绑定银行卡呢？

小学低年级的孩子，自我控制和管理能力不强，注意力不稳定、不集中，容易被新鲜的、引人注意的事物所吸引。随着年龄的增长，孩子的注意力和自控力开始逐步增强，父母也不用担心孩子掉进手机聊天的"陷阱"里出不来，小学生呈现的特点是陷得快出来得也快，一旦被别的事情吸引了注意力，很快就能把聊天抛到脑后。在孩子使用聊天工具的过程中，真正的问题不在于用或者不用，而在于父母怎么引导孩子正确使用聊天工具。

父母应该怎么做？

父母可以每天限定聊天的时间，比如，在学校时不能使用，晚上写完作业后可以使用半小时，周末可以使用 1 小时。除了时间有限制外，交友也需要有限制，对于低年级的孩子，微信聊天，好友都是认识的亲人和朋友，添加和同意通过好友需要得到父母的许可。对于高年级的孩子，他们的交往范围在逐渐扩大，可以给孩子更多自主性，孩子可以加陌生人，家长可以要求孩子告知加了什么人，为什么要加。同时限定和陌生人聊天的规则：

不能见面，不能透露自己的相关信息，如何识别骗子等。

在孩子使用聊天工具的过程中，可以引导孩子分享一些如何学习的文章或者方法，或者感兴趣的事情，分享一些学习或者听故事的APP，把交流的焦点放在学习和积极的爱好上，对于高年级的孩子，父母还可以引导孩子如何发朋友圈，锻炼孩子的写作和表达能力。

不建议给低年级的学生绑定银行卡，不鼓励孩子收发红包。而对于五六年级的孩子，他们的自控能力和自主意识开始增强，可以给孩子绑定一张空的银行卡（非信用卡），家长定期将一部分零花钱打到卡里，或者微信转账，让孩子逐渐学习如何自己管理自己的零花钱，不建议孩子收发大额红包。

培养孩子的兴趣爱好也很重要。如果孩子一开始聊天就放不下，可以使用其他孩子感兴趣的事情转移注意力，因为小学阶段的孩子"沉迷"快，出来得也快。另外，家长自身也要起到好榜样的作用。如果父母在家整天拿着手机刷朋友圈或聊天，孩子也会受到影响，所以建议父母在家放下手机，多陪孩子玩，让孩子感受到和家人在一起比聊天更有趣。

总之，**如果家长可以很好引导，手机的聊天工具可以成为孩子学习的助手，**同时也是学习如何与人交往的一种途径，成为父母教育孩子的助力而不是阻力。

第十三节
别让孩子成为你负面情绪的接收器

乐乐今年上小学六年级,被爸爸带到咨询室是因为长时间玩游戏,停不下来,之前还能去学校,最近三个月连学校都不去了,功课也落下了很多。再这样下去,爸爸担心孩子会毁了。

乐乐现在不去上学,在家就是玩游戏,也不学习,不写作业,也很少和同学们去玩,每天上午起床就玩游戏,有时候早饭中饭都不吃,就吃晚饭一顿,吃完饭继续玩,有时候会玩通宵。刚开始父母以为孩子过一段时间就会去上学,结果三个月过去了,孩子还是在家玩游戏。为此父母之间争吵过多次,妈妈觉得都是爸爸太惯孩子,爸爸觉得是妈妈管孩子管得少才导致现在的结果。有时候父母也和乐乐吵,但白天因为父母都要上班,也没那么多时间和精力来管孩子。

乐乐的游戏成瘾到底是如何形成的呢?咨询师了解到乐乐的父母关系非常不好,经常吵架,冲突不断,在咨询室里也一样,两人没有一致的时候，除了一起来咨询以外，两人对对方的做法都是相互指责。乐乐就在旁边坐着，一言不发，好像整件事情和他没有关系。咨询师关注到这一点，于是开始探索父母之间的关系，从乐乐一出生，父母的关系就不好。妈妈总是抱怨爸爸挣钱不够多，好多事情都处理不好。爸爸觉得妈妈太强势、太挑剔，照顾家里太少，管孩子太少。爸爸一直觉得孩子太小，离婚对孩子有伤害，所以两人勉强在一起过日子。乐乐上小学五年级的时候，妈妈工作变得非常忙，经常出差，很少回家，爸爸甚至怀疑妈妈有婚外恋，但妈妈并没有承认，两人一度处于冷战状态，离婚随时有可能发生，乐乐上小学六年级的时候，玩游戏的时间就开始增多，总是说身体这里不舒服，那里不舒服，不去学校，后来就成天在家玩游戏。这时妈妈才意识到问题的严重性，开始调整自己的工作，带孩子四处求助。

对于未成年人出现心理问题，我们一般都会从家庭找原因，从家庭的角度去干预和改变，有时候比个体咨询效果会更好，因为孩子年龄越小，受父母的影响就越大。

乐乐的网络成瘾和家庭有什么关系呢？我们了解到，**乐乐玩游戏玩得最疯狂的时候，正是父母冷战最厉害的时候**，这个婚姻或者说这个家庭随时都有可能会破裂。孩子在这个时候突然开始失控，开始疯狂玩游戏，一个可能性是孩子希望通过自己的问题行为来转移父母的注意力，让父母更关注自己，而忽略他们本身的婚姻问题。

后来，乐乐的妈妈开始把更多的时间和精力花在家庭和儿子身上，父母开始合作，一起想办法帮助孩子，暂时忽略了婚姻中不满意的地方。这让我想到多年前看的一部电视剧《中国式离婚》里面的一个场景，蒋雯丽（妈妈）和陈道明（爸爸）正吵得如火如荼时，在一旁的孩子拿起刀子割自己的手腕，父母见状马上停止争吵，立马带孩子去医院，看起来家庭变得更和谐了。但好景不长，过了不久夫妻又开始起冲突。这和乐乐的情况如出一辙，孩子在用一些极端行为或问题行为向父母传递一个信号：请你们停止争吵，我想要一个完整和谐的家庭。而一个完整和谐的家庭对孩子来说意味着有父母的爱。

在家庭治疗的观点中，家庭成员中谁是最忠实于家庭的人？不是父母，而是孩子，**孩子是家庭最忠实的保卫者，最不希望家庭破裂的人就是孩子**。所以孩子在潜意识层面会想出很多策略来阻止家庭的破裂，比如，"制造"出一些问题行为，来转移父母的注意力，孩子这样的行为其实是牺牲自己来保护家庭的完整性。

父母应该怎么做?

如果孩子长时间沉迷于游戏,不愿意与人交往,不能完成正常的学业甚至不去上学,父母一定要带孩子寻求专业帮助(包括精神疾病专科医院和心理咨询)。

对夫妻之间有冲突的家庭,这里有一些建议可以防患于未然。

有的夫妻会因为孩子而做一些妥协,比如,因为孩子就不离婚了,就在当下的婚姻中选择忍受。这种忍受如果给家庭带来紧张气氛,大家并不愉快,这并不是一种值得推荐的做法。快乐的父母即使离婚,比同床异梦的父母给孩子带来的积极影响更多,也就是说,**好的分开比糟糕的在一起要强。**

如果父母在一起,有很多冲突和争吵,这会给孩子带来情感上的冲突和伤害,如果父母是可以沟通,可以协商的,那么即使父母不在一起了,孩子也是可以接受的,因为家庭虽然不在了,但对孩子来说父母还在,父母的爱还在。所以即使夫妻之间有冲突,还是可以给孩子传递这样的信号:"即使父母离婚,爸爸妈妈永远都是你的爸爸妈妈"。这样会给孩子一份安全感,**当孩子**

感到安全的时候，潜意识里不会因为想要维持一个完整的家庭而产生问题行为来转移矛盾。要避免恐吓孩子："我不管你，我看你以后跟谁过，谁还管你"。或者是"我们要是离婚了，你要跟你爸肯定没好日子"。这样只会让孩子更加不安和矛盾。

另外，建议父母多学习解决冲突的方法，如何沟通和协商，如何退让，有很多夫妻在沟通的时候就完全陷到自己的情绪中，这样会让孩子也产生情绪上的冲突。

Tips：

适合6~12岁的孩子玩的电子游戏

这个时期的儿童，其核心议题是教育和智力的发展，而关键的发展任务是友谊的形成。埃里克森和皮亚杰的理论认为，这一时期是儿童智力、控制力和能力的发展关键期，他们需要在学校里学习基本的技能和科学文化知识，每天花大量时间学习一些具有重要社会价值的技能，如阅读、写作、算术等。当孩子对自己不同方面的能力产生信心的时候，他们开始发觉自己具有在更广阔天地中活动的潜力。所以适合的电子游戏有如下一些。

- 有助于孩子锻炼重要社会价值技能的游戏，例如，促进算数能力的数独、2048等。
- 促进几何能力的俄罗斯方块等。
- 能够促进逻辑推理能力的游戏等。

Tips：

适合6~12岁孩子的亲子活动

社会性的发展在这个时期最为重要的体现是友谊的建立，而家庭环境会影响儿童的社交能力，所以适合该年龄段孩子的亲子活动有如下一些。

- 与孩子共同做家务，培养孩子的合作能力和责任感。
- 与孩子下棋，通过竞赛型的活动让孩子体验竞争中的胜负。

在这些活动中，父母通过自己处理友谊的能力和风格感染孩子，让孩子学会如何在竞争与合作中与他人相处。

第四章

中学：尊重和理解

　　导读：青春期的孩子生理上已经成熟，但心理的发展跟不上身体成熟的步伐。虽然他们极度渴望独立和成长，但心理上仍然是稚嫩的孩子，这个阶段更需要大人的引导。简单、粗暴的教育方式会遭到中学生的抵触和反抗，尊重和理解才能赢得中学生的配合，要积极引导这个阶段的孩子成长，学会健康使用网络和正确对待游戏。

第一节
一起玩游戏的不是"狐朋狗友"

小峰今年刚上初三,不知道在哪里结交了一群"狐朋狗友",小峰妈妈希望小峰多和学习成绩好的人成为好朋友,平时可以在学习上互相帮助,可以多聊聊学习的事情。可是小峰和他的小伙伴们在一起的时候,不是打游戏,就是聊漫画,这简直让妈妈头疼得不行。

妈妈找小峰谈过很多次,尤其是现在已经初三了,马上面临中考,妈妈希望小峰把心收一收,多花点时间在学习上,少花点时间和那些"狐朋狗友"一起鬼混,但怎么说都不奏效。小的时候爸爸回来打一顿,可以管一阵子,现在孩子大了,也不能通过打来让孩子乖乖听话。有一次妈妈话说得狠了点:"你要出去玩游戏,你就别回家了!"小峰真的一晚上没回家,在网吧玩了一夜,后来父母到网吧找到小峰。

小峰心里也很郁闷:"我就是和我的小伙伴们玩游戏,我们团队作战,很多时候根本不能缺人,父母成天就是学习学习,好像除了学习,我什么事情都不能做了!"

妈妈除了担心孩子的学习,还非常担心孩子和这些"狐朋狗友"一起学坏。因此妈妈采取了更严厉的措施:比如,不让小峰出门,为此小峰和父母还发生了激烈的身体冲突。小峰的父母为此很纳闷和伤心:那些朋友就这么重要吗?为了和朋友一起玩游戏,不惜和养育自己这么多年的父母"反目成仇"?

当孩子上中学之后,就开始更多地与朋友交往,很多孩子的家长都和小峰妈妈一样,担心孩子和朋友们在一起"不务正业",也担心孩子学坏。曾经有学者做过一个调查,调查问卷中有一个问题是"你平时将自己内心想的事情经常对谁倾诉?"要求被试者将所列的对象按其重要程度排出顺序。初中生列出的是:朋友、兄弟姐妹、父母。由此可以看出,在中学生心里,朋友关系日益变得重要。

中学阶段的学生已进入青春期,孩子的"成人感"、独立自主的意识增强,同时也是孩子和父母逐渐分离并开始进入个体化的一个阶段。这个阶段对父母的依赖逐渐减少,逐渐开始独立自主,开始有自己的想法和观点,不再盲目听从父母和老师,对建立良好人际关系的依赖增强，受同伴的影响更多。同伴成了他们人际沟通的主要对象，同伴交往是否顺畅直接影响其身心的健康发展。所以在**这个阶段，建立一个良好的同伴关系是一个重要的心理发展任务。**如果你的孩子在这个阶段有很多"狐朋狗友"，那么恭喜你，你的孩子正在进行一项非常重要的心理发展任务。

在中学阶段良好的同伴关系对孩子的心理发展有十分重要的意义。同伴交往能促进青少年社会能力的发展，促使其社会视野日益开阔，孩子能通过观察他人的行为，从而学习到新的社会行为。在中学时期，同伴理所当然成为重要的榜样来源。中学阶段是与同伴建立友谊的关键期，与同伴进行交往能扩大自己的知识和信息来源，在交往过程，中学生会接受与自己的价值观念不同的知识和信息，这些不同的价值观念能进一步丰富中学生对社会的认知，为自身社会认知能力的发展提供更为广阔和丰富的经验背景知识。**同伴交往能满足青少年的心理和社会需求，是情绪、情感健康发展的保证。**人本主义心理学家马斯洛在他的需要层次理论中提出，归属和爱以及尊重的需要都属于人类的基本需要。中学生的同伴交往正好能满足这些需要，让他们能从同伴那里获得社会支持和安全感。同伴交往能促进个性发展，个人的人格塑造与社会关系密切相关。因此在前青年期和青年初期，同伴关系的建立显得尤为重要，与同伴之间的交往互动有利于青少年自我意识和人格的健康发展。

父母应该怎么做？

看到同伴交往对孩子的意义和功能。有一群"狐朋狗友"的孩子是健康的孩子，可以建立与同伴的良好关系，有着更健康的心理。

孩子有同伴交往的需要，其实小峰的父母并不是不让孩子和小伙伴一起玩，如果小峰和他的朋友们在一起都是在写作业、刷题，相信他的父母一定不会阻止孩子和他们在一起。但是小峰为什么爱和这些小伙伴一起玩呢？这也和小峰父母对待他的方式有关。从小峰父母的表现来看，父母是很支持孩子做与学习相关的事情的，但并不支持孩子玩，孩子玩的需要没有得到满足。当孩子进入青春期以后，孩子有更多独立自主的需要，进入了一个叛逆期，这个阶段的叛逆具有心理意义，通常代表的心理意义是我和你不同，我和父母不同，我就是我，我有我的想法、观点、喜好、决定，那怎么表示和父母不同呢？表现的方法就是叛逆。所以父母越是希望孩子听自己的，孩子就越叛逆；父母越不让孩子和"狐朋狗友"一起玩游戏，孩子就越是喜欢这样做；父母越是希望孩子投入学习,有的孩子就离学习越远。所以,对中学生来说,疏比堵重要,引导比禁止起作用,先获得孩子的信任,再引导孩子。很多家长忽略了获得孩子信任这一步,直接告诉孩子应该怎么做,最后导致孩子的逆反。

鼓励孩子和同伴交往,做他想做的事情,同时与孩子商量规则。如果家长能很好地满足孩子的心理需求,那么孩子就更有可能用心学习,让孩子痛快地玩,痛快地学。这样孩子才能够感受到父母的支持和理解。

在此基础上,父母能获得孩子的信任。当孩子能够信任父母的时候,父母就可以进一步了解孩子与同伴交往的情况,也可以给孩子一些支持,比如,和好朋友闹别扭了如何解决等。有时候父母表面上看到了孩子们一起就是玩游戏,不干正事。其实在游戏这个团队中,孩子有很多机会学习如何进行团队合作。试着问自己一个问题,你喜欢和什么样的人做朋友?仗义、守信、真诚、友善……如果你的孩子有很多"狐朋狗友",那么请肯定你孩子身上的这些优点,这样做可以获得孩子的进一步信任。获得孩子的信任以后,才能更好地引导孩子,否则,就会引来孩子的抵触和反抗。

接下来可以用自己的经验引导孩子,可以和哪些人交往,哪些事情坚决不能做。在引导的过程中，让孩子更多地看到一个人内在的品质，而不是行为，比如，看一个人是否真诚、守信用、友善、尊重人等，而不是是否玩游戏，是否成绩好。对有的行为要坚决制止，比如，吸毒、酗酒、违法犯罪等事情。这一点很好理解，就算是成年人，一个人即使很优秀，如果他虚伪、偷奸耍滑，你也不喜欢和这样的人做朋友。

第二节
冲锋陷阵的妈妈和玩游戏的女儿

梅梅今年上高二,高二上学期的时候有些轻度抑郁,在家治疗了半年,现在要重新回到学校。之前因为学习成绩不太好,父母就把梅梅转到了国际学校,希望孩子在国际学校可以有一个好的发展。在家的时候,梅梅整天把自己关在房间里玩游戏和录歌,有时候甚至会忘记吃饭和吃药,父母带着梅梅一起来咨询,希望可以改善梅梅的状态,让孩子花更多的时间在学习上。

在咨询室里,妈妈讲了很多孩子的现状,自己的担心,以及对孩子的期待,她觉得也给孩子转学了,孩子想去韩国学音乐,她也答应了,现在孩子就应该要好好准备,而不是整天玩游戏浪费时间。爸爸在一边附和着妈妈,而一旁的梅梅戴着个大耳机,玩着手机,妈妈时不时地要求孩子讲讲自己的想法,孩子取下耳机,有一搭没一搭地回应着。孩子没说几句话,妈妈又着急替孩子表达:"梅梅,你是不是想跟老师说……你就好好跟老师说说吧。"妈妈很着急,但梅梅在旁边却不紧不慢,和妈妈形成鲜明的对比。妈妈的语速很快,反应也很快,梅梅的语速很慢,反应相应也慢,有时候要思考一会儿才能讲出自己的想法。妈妈经常会忍不住替梅梅表达,或者是催促梅梅,这个时候梅梅就会说:"你说吧,反正你都知道。"或者是"我不知道该怎么说,你说吧。"

如果用学习游泳这样的比喻形容这一家三口人,每个人的学习方式都不同,妈妈的方式是管他三七二十一,我先跳下水再说,她总是先行动的那个,爸爸会在岸边先观察一下,然后再下水,而梅梅在岸边观察的时间更久,还要在内心里研究一下动作才可能下水。咨询师将自己的观察告诉这个家庭,他们觉得这就像他们家的做事风格,妈妈就是那个风风火火,行动力很强,总是冲在前面的那个人。而梅梅本身反应更慢一点,当妈妈冲在前面的时候,梅梅就说她就没有做事情的动力了,有时候反而有些抵触。就像梅梅想去韩国留学,还没等梅梅反应过来,妈妈就开始去咨询留学政策,给梅梅买各种学习的书,开始督促梅梅要去了解哪些信息,本来梅梅有动力做的事情,这个时候反而又变得没动力了,好像事事又想依赖妈妈了。好像没有了妈妈,梅梅似乎自己连药都没办法按时吃。而在妈妈没有"插足"的领域,梅梅似乎可以很好地应对，比如和自己的小伙伴一起玩、录歌、玩游戏，这些都不需要妈妈来"提醒"。

一个冲锋在前的妈妈成功培养了一个依赖的女儿，女儿依赖妈妈，妈妈觉得自己有价值的同时也觉得很累，好像总是自己在推着女儿走，刚开始只需要一点力气，到后来需要很大的力气才能推动女儿往前走一点。在咨询室里，咨询师不断鼓励梅梅去表达自己，不管多慢都不让妈妈"代言"，梅梅的讲话变得多起来，讲到自己学习上的困难，不像父母都是学习的佼佼者，自己也觉得没有信心，咨询师给家庭的建议是妈妈可以帮助梅梅，但是要在梅梅的邀请下才去做，而且对于该梅梅自己做的事情，妈妈则要"忍住"自己的帮忙，把妈妈的推动力换成梅梅自己的动力。

也许大家看完这个案例会问，那梅梅究竟为什么会沉迷于游戏呢？好像整个咨询的过程并没有围绕着游戏展开，这就是家庭治疗的特点，不是直接解决表现出来的问题，而是直接针对造成问题的家庭原因。从这个家庭可以看到，妈妈和女儿的关系非常紧密，由于妈妈的"着急"，本来该女儿自己做的事情，好多都由妈妈代劳了，女儿就失去做这件事情的动力了。

这还不是最糟糕的结果，最可怕的是当一个人没有亲身去实践，都是别人代替自己做的时候，就会失去信心，正如梅梅对学习有些失去信心一样。妈妈总是那个冲锋陷阵的，而梅梅总是在妈妈的庇护下前行，她不知道该如何独立面对自己该面对的世界，所以对妈妈产生了很多的依赖，似乎离开妈妈她就没办法好好生活。这也让妈妈越来越不放心，所以就产生了一个"妈妈不放心，代劳——梅梅没动力，放弃自己的主动权——鼓励了妈妈的代劳——梅梅对自己更没信心，依赖妈妈——妈妈觉得自己更需要代劳"的不良循环，两个人都在互相强化着彼此的行为，而爸爸在一旁看着这两个人非常亲密，自己非常嫉妒，非常想靠近，但发现自己根本没有空间去靠近孩子，妈妈把该操的心都操完了，爸爸就只能在旁边附和了。而梅梅在对学习没信心、对事情没动力的情况下，选择了游戏和录歌，只有这两个部分是妈妈没法"插足"的，这两个部分妈妈都不太懂。

父母的这种代劳行为让我想到很多案例，印象很深的是有一个女生，家在大城市，现在上本科，在咨询时她讲到父母在大城市给自己买好了房子，只要本科毕业，回去随便找个工作就行。按理说她应该不属于压力大的那一类，结果她的咨询问题是她很焦虑。也许有些父母会纳闷，父母都给孩子准备好一切了，她还焦虑什么呢？正是父母给自己准备好了一切，这个女生才焦虑，因为这些都不是她自己去完成的。她的父母包办了一切，导致她对自己非常没有信心，对未来很焦虑。

父母应该怎么做？

尤其是能干的父母，一定要杜绝"代劳"的想法，让孩子自己去探索、尝试，完成自己的事情。小时候我问我妈妈某个字怎么念，我妈就回答三个字："查字典。"这让我体验到了我可以通过自己的努力去完成一件事情，以后我再也不怕遇到不会念的字了，但如果我父母直接告诉我怎么念，没有他们在的时候我就会很担心，遇到不会念的字怎么办。很多时候大人会忍不住替孩子代劳，或者在孩子思考的时候就把答案直接讲出来了，很多妈妈为孩子付出很多，但并没有得到相应的结果——他们希望孩子独立、负责任、努力，但往往孩子会变得依赖、拖沓和懒惰。

犯错误是孩子学习必要的过程，不要剥夺孩子从错误中学习的权力。对孩子来说，自己的探索和尝试对建立自信心非常重要，哪怕是犯错误，也是学习的一个过程。但太多父母像梅梅的妈妈一样，希望帮助孩子，让孩子少走弯路，以为"我直接告诉她了，她就不用走那么多弯路了"。人生没有捷径，走弯路是必然的。有一次讨论，大家说如果人生可以按"快进"键就好了，把所有痛苦的过程都快进过去，你真的愿意这么做吗？也许一年就可以把人整个的生命快进完了，我想了想，我并不想要快进，即使在痛苦的时候或者是遭遇挫折的时候。弯路就是学习的过程，就像河流一样，没有一条自然形成的河流是直的，人生也是，走弯路是必然的。

从错误中学习是建立孩子自信心的关键。小时候表弟特别喜欢鼓捣家里的东西，把东西拆了装，装了又拆。有一次他把自己家电话给拆了，拆完之后发现有些零件装不回去了，一开始他又懊又恼，还有一点沮丧，然后他又开始拆，不断地尝试，后来终于把所有零件都用上了，电话也像之前一样能正常使用了，这种成就感和自信不言而喻。你有没有遇到同样的情况呢？如果这个时候大人代劳把电话装上了，表弟的自信心就会被打击。

第三节
会撒谎的也是"好孩子"

豆豆妈妈来到咨询室,主要想咨询孩子教育的问题。豆豆今年上初二,学习节奏越来越紧张,有时候放学回来很晚,孩子都说在学校补课、写作业,或者在同学家写作业。直到有一天豆豆妈妈收到老师的一条微信,说最近豆豆成绩有些下滑,有的作业完成得很马虎,甚至有时候会忘记交作业,让妈妈关注一下孩子的学习。妈妈顺便问了一下最近是不是会经常补课,老师说几乎没有,妈妈这才开始警觉起来,发现很多时候豆豆都是在撒谎。那豆豆到底在干什么呢?

有一天豆豆妈专门到学校门口悄悄守着,发现豆豆和几个男孩子一起去了学校旁边的网吧,差点儿没把她气晕,原来孩子口中的补课、写作业都是去网吧了!豆豆妈还回想起最近给豆豆的零花钱,豆豆总是说不够用,平时妈妈也没多在意,孩子多要点儿就多给一点儿了,也不想苦着孩子,原来都花在玩游戏上了。

除此之外，豆豆还特别喜欢去好朋友欢欢家玩，豆豆经常跟妈妈说是和欢欢一起学习、一起写作业，豆豆妈开始还挺高兴，想到这点觉得也不对劲，就给欢欢妈妈打了个电话，欢欢妈妈的回应让她大吃一惊——他们在一起就是玩游戏，玩得可欢了。

在咨询的过程中，我们了解到妈妈对豆豆的管理一直都很严格，游戏是被严格控制的事情，在家里豆豆也很少能玩游戏，只有周六有半小时的时间可以玩。其他时间妈妈都希望豆豆能好好学习，或者是带孩子去上各种学习班。妈妈觉得玩游戏是浪费时间，上中学了更应该把时间花在学习上，尽量少玩或者不玩游戏。

很多成年人也会玩游戏，豆豆妈妈自己也玩游戏，但是她对自己玩游戏的看法是：我现在工作了，有时间可以玩一下，但是孩子正是学习紧张的时候，如果花时间玩游戏，就会和别的孩子拉大差距，考不上好的高中就考不上好的大学，孩子将来怎么办？

很多大人都有这个观点，学生就应该专注学习，不要玩游戏，玩游戏没有用。当大人不允许孩子玩游戏，但孩子又想玩时，孩子就会撒谎。有很多家长对于孩子撒谎是非常紧张的，认为这是一个严重的品德问题,孩子不应该撒谎,应该对父母诚实。同时也担心如果孩子开始撒谎,父母会越来越不好管教孩子。

从心理学的角度来看,撒谎是品德问题吗?美国心理学家罗伯特·费尔德曼做过一个实验,在人们日常交谈时,他带上隐蔽的摄像机录下现场情景。统计结果令人吃惊:每人每天至少撒三个谎。**说谎是一种人类求生存的本能,具有生存意义,是人类本能产生的一种自我防御的保护机制**。很多动植物为了保护自己也会欺骗,比如,变色龙的变色、螃蟹装死等。从心理学的角度来看,说谎是一种自我防御、自我保护的无意识行为。它反映出人们对周围环境的一种焦虑、不安全感,是一种为了减少人际冲突而出现的退缩表现。

通常情况下,人说谎有以下四个心理动机:一是为了得到实际的利益,满足需要,豆豆撒谎可以玩游戏,可以得到钱等,这些可以满足豆豆玩的心理需要;二是让自己看起来更好,豆豆撒谎说自己在学习、在写作业,和同学一起学习等,这些更符合父母的期待,让自己在父母眼里看起来更好;三是摆脱实际麻烦,豆豆放学晚回家,如果豆豆说自己在玩游戏,肯定会给自己带来诸多麻烦,以后就会被要求几点前必须回家,也许零花钱上也会受限制,还要接受父母的批评教育;四是为了避免伤害别人的感情,豆豆撒谎的另一个动机还可能是不想让父母生气、伤心和难过,因为他知道父母不希望他玩游戏。

父母应该怎么做?

要先看到孩子撒谎背后的心理动机。孩子都有玩的需要,父母都希望自己的孩子诚实,但请大家思考一下:孩子玩的需要得到满足了吗?很显然,案例中豆豆玩的需要没有得到满足,对于中学生来说玩游戏可以满足很多心理需要,如休闲、娱乐、社会交往、成就感、应对不良情绪等,也许豆豆就是想和小伙伴们一起玩。家长如果创造一些机会和条件主动满足孩子的心理需要,孩子就不用通过撒谎来得到满足。豆豆妈妈在咨询中也提出一个问题:我让孩子玩啊,每周半小时。也许对豆豆来说半小时是不够的,这就需要妈妈重新和孩子协商一个时间。如果豆豆有更多社会交往的需要,那么可以给孩子创造一些机会和条件和同学一起玩。

孩子的行为和父母的行为常常有如下的关联:孩子学习——父母鼓励,孩子玩游戏——父母阻止。那孩子想玩游戏时怎么办呢?这是父母不允许的,那孩子就学会了通过撒谎来满足自己的需要——我在学习,实际上是在玩游戏。父母不允许的行为,如果孩子想做,就会撒谎。所以问问自己,你是希望继续保持这样的循环:父母不允许孩子玩——孩子撒谎——父母对孩子的行为完全不能引导和监管;还是希望改变,希望孩子能够诚实,即使结果不是你想要的,但是你有机会可以对孩子进行引导和监管。

对于孩子撒谎的行为,父母先表达接纳和理解,再表达期待。父母会有疑问:接纳是不是意味着孩子就可以无拘无束了?**接纳和放纵不同,接纳更多的是态度,而放纵更多指行为,可以在态度上接纳孩子但并不放纵孩子的行为**。通常情况下可以先通过一些语言来表达对孩子的理解和接纳:"妈妈知道你想和朋友们在一起玩,你担心妈妈不让你去,或者会批评你,你害怕让妈妈知道你们在玩游戏,所以你跟妈妈撒谎了,我理解你。"父母也可以分享一些自己小时候撒谎的经验,这样会让孩子更加接纳自己。比如,"小时候妈妈想要买一本小人书,但你外公不让,妈妈也撒过谎,偷偷拿了家里的钱去买小人书看"。在此基础上再提出要求:"但是妈妈还是希望你可以诚实地告诉我们发生了什么,你在做什么,如果你有需要可以直接提出来,我们可以一起讨论怎么来实现。"

第四节
没有真正的"坏孩子"

虎子、小莹和芳芳三家住在同一个小区,都在同一个学校上初中。三个孩子是好朋友,大人之间也经常来往。

虎子父母秉持的是一种"自然""自由"的教育方法,按照虎子爸爸经常说的一句话:"孩子不用管,任他自由发展。"虎子爸只管给孩子钱,其他都不管,虎子的成绩一直在班级垫底。可是虎子爸还是坚信,现在刚上初二,该知道的孩子以后都会学习到的。虎子是小区里的孩子王,同时也是"游戏王",好多小朋友都愿和他一起玩游戏,每天回家就是玩游戏。虎子爸是真不管,虎子妈妈有时候管,但也只是说一说,夫妻二人倒是过得逍遥自在,该和朋友聚会就聚会,该打麻将打麻将,反正有姥姥姥爷在家给虎子做饭。

芳芳家正好相反,芳芳爸爸经常说的一句话是:"女孩就得多操心,就得多管管,哪能像男孩那样放养呢!"放学半小时内必须回家,不能单独出去玩,12岁前从来没有一个人出过门,到哪里都是父母车接车送。芳芳的父母很少出去聚会、打牌,一门心思都在芳芳身上,学钢琴、画画、上各种课外班。芳芳最喜欢去小莹家,和小莹一起玩,芳芳爸妈知道小莹爸妈很惯小莹,也不让芳芳和小莹玩,他们更希望芳芳和爱学习的同学一起玩。现在芳芳变得越来越不让父母省心,每天自己在房间里玩手机玩到很晚才睡,妈妈也不知道她在做什么;甚至出现了放学晚回家的情况。有一次父母严厉批评了芳芳,芳芳还离家出走,这把父母给吓坏了,最后在网吧找到了芳芳,当时正玩游戏玩得起劲呢。芳芳再也不像以前的乖乖女,还经常和父母大声吼,曾经的乖乖女怎么一夜之间变得如此叛逆?

小莹就是家里的小公主,要什么有什么,用的永远是新款的苹果手机、iPad和iPad mini、苹果笔记本电脑,只要是小莹要的,父母都给买。最近小莹迷上了一款游戏,这个学期在游戏上就花了两万多元。小莹在家里呼风唤雨,在学校也是呼风唤雨,经常花钱让同学帮忙写作业,好多她有的"装备",别人都没有,经常是她玩游戏,旁边有一群人在围观。小莹还会"贿赂"同学中的游戏高手帮她刷游戏成绩,虎子就经常被她贿赂,当然虎子也不负众望,经常帮小莹闯过一些难关。

这三个孩子各有特点，这三个家庭也各有特点。一个孩子在成长的历程中最需要的就是爱与自由，就像一颗大树成长，需要营养和空间。**爱意味着能够得到很好的照顾，有足够多的营养，而自由就是空间，是否可以长成自己想要的样子，是否可以过自己想要过的生活。**

虎子的家庭中，家庭成员之间的关系很疏远，虽然虎子很自由，但是父母的参与、照料、教育和引导都很少，虎子的家庭属于爱比较少，自由比较多，管教也比较少，虎子虽然很自由，但经常会感到自己没人疼爱。芳芳的家庭刚好相反，芳芳的父母在芳芳身上投入了很多，对芳芳很关注，同时还有很多管教和控制，芳芳感受到的爱很多，但自己缺乏自由，这种爱有时候会让人感到窒息。因此芳芳很少能自己做主，也不能过自己想要的生活。小莹的家里人都很溺爱小莹，小莹获得的爱非常多，同时自由也非常多，有一点像营养过剩。

想象一下你生活在一个什么需要都被满足的家庭里，有你想要的所有东西，你会变成什么样？刚开始觉得好玩、有趣，到后来就会越来越觉得没意思。接下来你可能就想做一些比较刺激的事情了。有研究甚至发现物质上被过度满足的孩子，从小会表现出更多的任性、为所欲为，在形成行为自控的重要时期错过了培养机会，进入学校等有规范要求的环境易出现不适应的问题，特别是在进入青春期后，会过早开始与异性的深入接触，过早发生性行为。

所以爱和自由都不能过少也不能过剩，在管教孩子的过程中爱与自由要有一个动态的平衡，有爱同时也要给孩子空间，不多不少，刚好。可是这个度该如何把握呢？

父母应该怎么做？

如何判断自己对孩子的爱和自由是否合适？需要注意的是，这里的爱和自由是指孩子所体验到的，并非家长自身认为的，绝大部分家长的出发点都是爱孩子的，都愿意给孩子自由，但是自己给予的方式却可能让孩子产生不同的体验和感受。爱与自由的给予及其父母与孩子的表现以及对策，见表4-1。

表4-1 爱与自由的给予及其父母与孩子的表现以及对策

	父母的表现	孩子的表现	父母要怎么做
爱过少（缺爱）	对孩子的兴趣、爱好、有哪些好朋友、喜欢吃什么东西几乎没有了解，或者了解很少，每周陪孩子的时间很少	经常表达自己不被理解，没人管、没人疼 和父母没有太多话讲	父母多一些时间陪伴孩子，了解孩子目前的学习生活情况，多一些亲子相处的时间

续表

	父母的表现	孩子的表现	父母要怎么做
爱过多（溺爱）	孩子的需要只要能满足的都满足了，一旦有新型号的产品出来立马就换新的，孩子的衣服或者某些物品过剩，孩子是家里的老大，以孩子的需要为中心，其他人都可以牺牲自己的需要，比如孩子写作业，家里所有人都必须保持安静	孩子比较以自我为中心，也比较任性，在家里说一不二，所有人都要听自己的，不尊重父母	爱孩子，也爱自己，平衡自己的需要和孩子的需要，不是一味地满足孩子的需要。让孩子有一些"饥饿感"，适当延迟满足孩子的需要
自由过少（控制）	做什么事情都要向父母汇报，父母的建议通常高于孩子本身的想法，父母有比较强的"说服力"，即使孩子不愿意，父母也极力说服孩子按照自己的意愿来选择，每天的生活安排都是由父母来进行的等	感觉像父母的提线木偶，表面很乖、很听话，但偶尔会做一些父母意想不到的被动攻击事情，比如，拖延、总是犯一些不该犯的小错误等，或者表现出直接抵抗或者反叛的行为	鼓励孩子自己做决定，即使决策错误也不指责孩子。从小事开始放手，比如，吃什么、穿什么，逐渐过渡到更重要的事情

续表

	父母的表现	孩子的表现	父母要怎么做
自由过多（放任）	放任孩子做他想做的事情，尽最大努力满足孩子的需要，不批评孩子，很少引导孩子，对孩子的行为容忍程度和接纳度都很高，期待少	孩子的行为无拘无束，说话做事比较随性、自由，有时做事情不考虑后果，不喜欢被约束，不守规矩，有的会非常调皮捣蛋	建立规则：哪些事情可以做，哪些事情不能做，并且强调对规则的遵守
爱与自由比较平衡	对孩子有比较多的了解和陪伴，同时也有自己的生活。能对孩子表达理解，同时允许孩子有和父母不一样的决定和选择，表达自己的意见，但不强迫孩子接受自己的意见	可以自由表达自己，做自己想做的事情，同时也能考虑到别人的感受	

第五节
游戏——回避内心冲突的办法

小勇今年该上初三,见咨询师的时候情况已经很严重了。小勇已经有一年半没去上学,每天在家玩游戏到夜里两三点,偶尔会和同学一起出去玩,但大部分时间是在家里打游戏。为了玩游戏和父母也发生了激烈的冲突,在家里曾经摔摔打打。孩子这么大了,打也不管用,还会和大人反抗,也去过医院,还去过戒网瘾的学校,都不管用,最后父母实在没办法了就放任不管。在来咨询之前,小勇的饮食就是有一顿没一顿,赶上了就吃,赶不上就不吃,或者自己买个饼,父母也不会像以前那样照顾他的生活了。医生建议父母带小勇做咨询。前面几次,咨询师主要帮助小勇一点一点建立好的生活习惯,先保证好的生活,6次咨询以后,小勇已经不熬夜了,晚上玩到11点就睡觉,建立起了一些去学校的信心,玩一会儿会主动休息,对自己的生活有了更多的掌控感,父母也开始重新照顾孩子的生活,给孩子做饭。父母也观察到孩子确实有很大的变化，但孩子对玩游戏的需求依然很强烈，虽然比以前好了很多，但是仍然不能像别的孩子一样花更多的时间去学习。

后来咨询师见了小勇的家人，才发现小勇玩游戏的背后有一张巨大的家庭编织的网，把小勇网在了游戏中。

咨询师邀请小勇的家人一起来咨询，爷爷奶奶也一起来到了咨询室。问到爷爷奶奶前来的原因，奶奶表示她也有话要讲。咨询师问到咨询期待的时候，四个人各不相同，奶奶希望孙子开心快乐；爷爷觉得男孩子要有成就，不能这样堕落下去；妈妈觉得孩子现在一点点在变化就很好，慢慢来；爸爸对孩子表现出很失望，对于孩子是否去学校很在意，不一会，这四个人就吵成了一团。这个家庭非常热闹，就像在咨询室一样，很难达成一致和统一，小勇在旁边显得很不耐烦，咨询师问到小勇的感受，小勇觉得很烦，在家里他们也经常这样。比如，以前小勇要上什么课外班，爷爷觉得男孩子应该练练体育；妈妈想让孩子接触一些和艺术有关的东西；奶奶希望孩子喜欢就行；爸爸想让小勇学奥数，就一个课外班都可以把他搞得四分五裂，经常小勇要考虑的问题就是"我到底要听谁的！"

总之，这个家庭的特点就是谁也不服谁，爷爷奶奶、爸爸妈妈，都有各自的想法，都觉得自己是对的，都希望别人能听自己的。小勇自然成了家庭里面被大家争取的对象，大家都想"拉拢"他。小勇对这样的场景很熟悉，同时又感到很烦躁和无奈。虽然四个大人都很爱他，但他经常在家里感到窒息，小的时候他不知道该听谁的，现在他谁的也不想听，所以他躲进了属于他自己的世界——游戏，在游戏的世界里，不会有情感上的冲突，带来的是快乐和成就感，同时他也可以找到一部分他自己。

小勇的四个长辈都在找认同，都希望自己说了算，这种"权力"斗争在家里很常见，表现就是在家里该听谁的，谁掌握最后的决定权。小勇的家里谁也不服谁，谁都希望自己有发言权，即使是和自己无关的事情，也希望可以参与决定，不仅仅有"权力"斗争的问题，这个家庭成员之间的界限还很不清晰，说得通俗一些，就是不该自己管的事情也在管。

所以，在小勇的家中有很多观点和理念是不一致的，观点和理念的不一致本身不会造成冲突，但如果你需要别人都听你的，互不相让，同时去干涉别人的决定，那么冲突就会发生了。而在一个家庭中，如果存在情感的冲突，谁都想做决定，谁都不能接受对方的观点和想法，那么孩子的内心就会产生冲突，因为他不知道该听谁的,有太多的声音,这会让孩子疯掉。对小勇来说,沉迷于游戏可能正是他应对这种强烈的内心冲突的一种方式,在游戏中能体验到快乐、成就感,可以做自己想做的任何事情,更重要的是可以回避这种内心的冲突。**游戏就像是麻醉药,虽然不能从根本上解决问题,但可以让人暂时不去面对这些问题,让自己感觉不到冲突**。如果小勇继续游戏,长此以往有可能会出现更严重的问题,如患上抑郁或者精神分裂。

另外,在小勇的家中大家都在争取小勇要"听"自己的,却根本没有人去倾听小勇——他到底想要什么?比如,上课外班,大家吵成一锅粥,但没有人听小勇想学什么。对于小勇的现状,大家都在画蓝图,没有人想知道小勇想要有什么改变。本来孩子是知道自己喜欢什么,要什么的,但如果在这样的环境下成长,除了冲突和混乱,他很难再体验到自己的需要,会产生一种虚无的感觉。而选择游戏这个"麻醉药"不仅可以让他不用去面对自己的这种虚无感,还可以让他暂时好好地活下来。

孩子到了青春期,就会有强烈的自主渴望。正好是在这个时期小勇开始不想听别人的,想听自己的,想做真正的自己,但他体验到的却是内心的冲突、混乱和虚无,他也很迷茫和无助。小勇能感受到的情绪就是很烦,也正是这种烦在提醒他,他多么想要知道自己到底想要什么,多么想要成为自己,而不是被别人决定成为什么样的人。

父母应该怎么做?

一个家庭要允许不同的人表达不同的观点。 每个人都可以不同,不同并不代表对和错,对不同的人来说,对和错、好和坏的标准可以不完全相同。放下对与错,允许每个家庭成员表达不同的想法。在家庭中只要没有情感的冲突,比如,没有一定要听谁的,不听就会愤怒、生气、觉得这样不对的情况,而只是观点不一致,并接纳和允许彼此的不同,这样就不会给孩子带来内心的情感冲突,只会给孩子带来不一样的视角,孩子就可以有不同的学习体验。

当观点不一致时,协商比吵架更有用。在协商的过程中,就意味着要有让步、妥协,这是家庭成员需要学习的。如果在一个家庭中谁也不肯让步,还可以参考一个方法——"奇偶日",就是在奇数日的时候听一个人的,偶数日的时候听另一个人的,比如,对于今天吃什么,奇数日由爸爸来决定,偶数日由妈妈来决定。如果孩子大了,还可以设立一些时间由孩子来决定。这样可以让孩子学到在观点不同时如何去解决问题,还能照顾到彼此的需要。

直接问孩子想要什么、是什么，而不是靠父母的经验来猜、来推测。曾经有一个网络依赖的学生在咨询室讲到过一个受伤的经历，当我问他受伤的过程时，他告诉我："老师，我父母，还有来看望我的亲戚朋友没有一个人问我是怎么受伤的，这么久了，你是第一个。"我当时也很惊讶，后来他讲到父母对他的理解都是靠他们的猜测，很少问他的想法，而父母的猜测通常和他的想法完全不同。问孩子的想法是什么，孩子想要什么，这些都可以帮助孩子去探索自己、去体验自己，如果孩子长期和自己失去沟通，那么就会像小勇一样体验到一种虚无的感觉，或者是混乱的感觉，不知道自己到底想要什么，于是就选择了游戏来逃避。

还有一个建议就是自己的事情自己做主，比如，夫妻之间的事情由夫妻来决定，爷爷奶奶的事情由爷爷奶奶来决定，孩子的事情在孩子有能力的情况下由孩子来决定，没有能力的情况下由父母决定，把界限设立清楚，而不是由所有人你一言我一语地来决定。这也是帮助孩子找到自己的一种方式，如果家里所有的事情都由大家来决定的话，在心理上就没有"我"了。

第六节
"游戏王"不一定成绩差

今年上高二的小飞是一个非常聪明的孩子。父母一直很骄傲,因为小飞学习成绩一直很好。上了高中之后小飞迷上了一款游戏,为此小飞的父母非常担心,高中的学习任务更重,怎么能玩游戏呢?父母找小飞谈过很多次,但小飞似乎对游戏非常有兴致。

妈妈一直用会影响学习为理由来阻止小飞玩游戏,但通常被孩子一句话就堵住了嘴:"不会影响学习的,我上课照样好好学,很多时候老师讲的我都懂了,你就放心吧!"可是父母还是会非常担心这样会影响孩子成绩,一个学期下来,成绩倒是还好,一如既往,排在年级前十。小飞说:"怎么样,你看我说不会影响成绩吧!"父母也知道小飞是一个非常聪明的孩子,可以做到学习和玩两不误,可是父母觉得如果把花在游戏上的时间用在学习上,孩子的成绩就可以更好,基础可以打得更牢,将来可以考更好的大学。

小飞觉得玩游戏也是在学习,只是和学校学习的知识不一样,小飞有时候也说在游戏里学到的东西可多了,但是父母却实在不能理解,就一个游戏,能学到什么呢?

你是不是也和小飞的父母一样,觉得游戏就是好玩,除了好玩,就没有其他作用了?如果孩子多花一点时间读书和学习,而不是花在游戏上,对孩子来说肯定更有利,孩子的将来发展一定会更好。这个观点一定是对的吗?

很多研究发现,游戏非常容易对青少年的学习和身心健康产生重大影响。学习成绩下降、视力下降、颈椎出问题、人际关系封闭等,这些都是父母所担心的问题。如何对待游戏,在教育界也产生了截然不同的两种观点:一种认为它完全有害,是"电子毒品",完全无益于教育;另一种则认为它们能使学习和生活变得有趣,并尝试将游戏性与教育相融合,而开发出一些教育游戏。

国外著名教育游戏专家马克·普伦斯基(Marc Prensky)的《不要打搅我,妈妈——我在学习》一书和史蒂文·约翰逊(Steven Johnson)的《坏事变好事——大众文化让我们变得更聪明》一书中都提到一般意义上的电子游戏同样具有教育价值,而詹姆斯·保罗·吉（James Paul Gee）在《好的视频游戏和好的学习：关于电子游戏、学习和读写的随笔》一书中指出，不一定非要是教育游戏，好的电子游戏也是一种好的学习情境。

普伦斯基在《基于数字化游戏的学习》一书中这样描述游戏中的娱乐、快乐、动机以及学习等的关系："学习过程中的娱乐减缓压力，创造动机。放松能够使学习者处理起事情来更容易，动机使他们毫无厌倦地向前努力。"按照这种观点，游戏也在激发人的学习动机。

游戏除了能激发人的学习动机，还有其他促进作用吗？**有研究者认为，游戏也能促进智力的发展。**

心理学家霍华德·加德纳(Howard Gardner)提出了多元智力理论，他认为人有九种智能：语言言语智能、数理逻辑智能、视觉空间智能、身体运动智能、音乐韵律智能、人际交往智能、自我认知智能、自然认知智能和生命存在智能。九种基本智能之间的不同组合表现出个体间的智力差异，人们可以根据各自的智力倾向去发展这些智能。智力并非像传统智力定义所说的那样是以语言、数理或逻辑推理等能力为核心的，而是以解决实际生活中的问题和创造出社会所需要的有效产品的能力为核心的。因此，智力是人类在解决难题与创造产品过程中所表现出来的、为一种或数种文化环境所珍视的能力。有研究者总结了不同的游戏可以培养哪些潜能，详细见表4-2。

表4-2　各类游戏的多元智能培养潜能

	游戏特点	语言言语	数理逻辑	视觉空间	身体运动	音乐韵律	人际交往	自我认知	自然认知	生命存在
动作游戏ACT	操控角色动作，如地形、格斗、射击等	○	○	★	★	▲	○	▲	○	○
运动游戏SPC	运动比赛，如足球、篮球、冰球等	○	▲	★	★	▲	▲	▲	▲	○
模拟游戏SIM	模拟运行或经营，如模拟人生、模拟飞行等	★	▲	★	▲	▲	★	★	▲	○
益智游戏PUZ	小型趣味游戏，如棋牌、俄罗斯方块等	▲	▲	▲	▲	▲	▲	▲	▲	○
策略游戏SLG	战争主题，操控军队，如火焰纹章等	○	★	★	▲	○	★	★	▲	▲
竞速游戏RAC	驾驶技巧，如极品飞车等	○	▲	★	★	▲	○	★	▲	▲

续表

游戏特点		语言言语	数理逻辑	视觉空间	身体运动	音乐韵律	人际交往	自我认知	自然认知	生命存在
即时战略RTS	战争题材，战胜对手，如魔兽争霸等	▲	★	★	▲	○	▲	★	▲	▲
冒险游戏ADV	动作冒险，如古墓丽影等	○	▲	★	★	▲	★	★	★	★
角色扮演RPG	长时间游戏扮演和培养，如仙剑等	★	▲	▲	▲	▲	★	★	▲	★

注：培养优势分三级，★表示优势显著，▲表示有一定优势，○表示优势不明显。

父母应该怎么做？

像小飞这种情况不属于游戏成瘾，更像是游戏促成劳逸结合的情况。游戏可以是一个激发学习动机的帮手，越是在孩子学习累、学习压力大的时候，越需要玩。这个时候玩比学更重要，玩是一种放松和休息的方式。一个来访者曾经在咨询过程中说过，别人放松的方式是散步、运动、听音乐、冥想，我放松的方式就是玩游戏，玩游戏让我对学习更有动力。但很多父母对玩游戏带有偏见，认为玩游戏就是不好的放松方式，但如果孩子要出去运动，父母都是许可的。

多元视角看孩子，多元视角看学习，发展孩子不同的能力，而不只是学习一项。 从多个角度去开发孩子的智力，在学校的学习过程中，更多培养的是孩子语言言语智能和数理逻辑智能。而在游戏中，可以培养孩子的其他智能——视觉空间智能、身体运动智能、音乐韵律智能、人际交往智能、自然认知智能和生命存在智能。这些智能对青少年的身心发展同样很重要。

可以和孩子交流他在游戏中的学习体验，一方面可以让父母了解到孩子究竟在玩什么，是什么让孩子这样着迷，也可以了解到孩子在游戏中提升了什么能力，有些可能已经超越了父母的想象，此时可以表达你对孩子某些能力得到提升的欣赏或者展现出某种能力的欣赏，比如，"妈妈爸爸很欣赏你的创造力""妈妈爸爸很欣赏你用的这个方法，在这么困难的情况下，你竟然都能突围！"曾经有来访者讲到他在游戏中学到了各种资源的分配和利用，如何用最小的资源来获取最大的利益，这些都是从游戏中学习和锻炼的能力。这些能力都可能被迁移到现实生活中。这样对孩子会有一个潜移默化的影响——从游戏中学习，而这会让孩子在选择游戏的时候，也去考虑如何从游戏中去学习。

第七节
孩子在网络上交友怎么办？
网恋怎么办？

很多中学生都有了手机，梅梅妈妈也给梅梅买了个手机，买完之后，梅梅妈妈就开始苦恼了。有一次梅梅不在，妈妈看到梅梅的手机收到一条微信："玥儿姑娘，在吗？"是一个叫"小齐飘飘"的人发的。妈妈解锁了手机（妈妈规定梅梅的手机密码必须让父母知道），点进去看了下，只有最近两天的聊天记录，之前的不知道是没有还是被删了，讨论的内容就是什么装备啊，锦囊啊，游戏攻略之类的，原来是一起玩游戏的网友，这个人应该不是梅梅的同学。看样子像是一个男生。梅梅的妈妈很担心，现在网上曝光的恶性事件那么多，梅梅不会也加一些乱七八糟的人，万一哪天被骗了怎么办啊？

梅梅的妈妈到家长群求助：给孩子买了手机就开始玩游戏，还加了一些陌生人，大家都是怎么处理的啊？家长群里七嘴八舌地讨论起来。

"我坚决不让孩子加陌生人的微信，他要加陌生人的微信必须得经过我的同意！"

"手机在孩子那里，这哪管得了啊！哪天他偷偷加了你都不知道。"

"定时监管孩子的消息记录，定期查看！"

"孩子让你看才怪呢，给你看的时候都删完了。"

"你们都操太多心了，孩子也不是那么笨的，哪那么容易被骗啊，想当初我刚上QQ的时候，也加了一堆陌生人。"

"你的心真大啊，我可不敢这样放手不管。"

"你用QQ的时候都多大了啊，现在咱们的孩子才多大啊，而且那个时候人多单纯啊，现在这个社会真不敢这么放任不管。"

作为父母，你是不是也有这样的烦恼，孩子用手机了，带来了很多便利，同时也给父母增加了许多担心，和陌生人聊天怎么办？被骗了怎么办？乱发朋友圈被坏人利用了怎么办？总之父母的担心总是一箩筐，这些担心也不是没有道理，现在通过手机、游戏的诈骗非常多，有谋财的、有害命的，怎么让家长不担心？

青春期的孩子有强烈的自主愿望，同时交往的范围开始扩大，交往范围不再局限在同学、父母，而扩大到了各种朋友圈，论坛的网友，游戏的队友，朋友的朋友等。**中学生有非常强烈的交往的需要，同时也渴望交到志同道合、能理解自己的朋友**，有心里话都更愿意和朋友说，这是中学生人际发展的特点。作为父母可以回想自己的中学时代，那个时候没有电脑，这种交往往往通过书信的方式进行，你有没有交过笔友呢？相信一些父母有这些经验。孩子交往范围的扩大让父母开始担心，父母的担心也自有道理，毕竟新闻上已经报道了一些约见网友发生的恶性事件，或者是网络诈骗的事件，但是总不能把孩子一直关在象牙塔里，特别是青春期的孩子，他们非常渴望与同龄人交流。在这种情况下，父母要如何引导孩子呢？

父母应该怎么做？

通常情况下，和学习问题相比较，父母更为担心的是孩子的安全问题，安全总是被大部分父母排在第一位的。中学生有非常强烈的自主意识和与同龄人交往的需求，家长不能只是简单地禁止或者批评，这会遭到孩子的抵触，产生适得其反的效果。**尊重和平等的交流比较受中学生的欢迎**，对于孩子在网络上的交流，父母可以和孩子交流筛选朋友的标准，如果有担心，通过提问题的方式给孩子指出来，引发孩子的思考，同时也看看孩子如何应对，提前和孩子一起做准备。

比如，问孩子："如果他提出来要见面怎么办？"

"不会的，为什么要见面呢？"

"万一他提出要见面呢？"

"那就找个人多的地方见呗，比如，约个咖啡厅、麦当劳之类的公共场所。"

"好的，那你会约在什么时间呢？他要是让你晚上见面怎么办？"

"我会选白天，白天更安全，晚上就不见了，本姑娘只有白天有空。"

"那如果聊晚了，怎么办？"

"不会的，妈，我敢保证不到6点你就会给我打电话了！"

比如，担心和陌生人见面，给陌生人汇款等，都可以用这种方式来引发孩子的思考。

"妈妈不是不相信你，妈妈是希望可以提前做一些准备，你能考虑到安全的因素妈妈就放心了。"

也许梅梅会说："我是在一个游戏论坛里认识，他的游戏玩得非常好，我有很多方面需要向他学习的，我们平时聊天只谈游戏，又不聊别的。"

"我不会随便加陌生人，大部分都是在一些论坛里认识的，看他们发的帖子就对这个人已经有了一些了解了，不会乱加的，我们都有一些共同的兴趣和爱好，我需要经常向他请教才加的。"

当父母了解到孩子有所准备，对安全问题有所防备，对骗子可以识别的时候，父母悬着的心就可以放下来了。 当孩子有这些安全意识时，也可以对孩子表示肯定："孩子你做得很好，爸爸妈妈开始还很担心，听你讲到你的想法和计划的时候，爸爸妈妈才发现是我们多虑了，你的想法还挺周全的，这样我们就放心了！"

第八节
孩子玩游戏不愿意上学

子诺今年上初一,上中学前是一个"妈妈不用担心学习"的乖孩子,成绩一直都不错,爸爸妈妈很在乎子诺的学习,为此还专门买了海淀某地的学区房,子诺所上的中学是一所非常好的中学,妈妈的心也踏实了一半,这意味着将来能上好高中,能考上好大学。

可是妈妈最近非常担心子诺,一到学习的时候孩子就显得没精打采,总是提不起兴趣,但是对玩游戏却是兴致勃勃。刚开始的时候还能完成作业,每天都去学校,到后来干脆作业也不想写了,连学都不想上了。妈妈非常担心孩子,怎么能不上学呢?一说到上学,子诺就有很多借口,肚子疼、头疼,上课听不进去,刚开始妈妈还以为孩子真的不舒服,去医院检查也没什么问题,大夫告诉妈妈这可能是心理问题,建议妈妈带子诺去见心理咨询师。妈妈也观察到,子诺就是在不想上学的时候才喊身体不舒服，一旦在家就是玩游戏，或者上网，这时一点都看不出来他不舒服。

医院检查回来之后爸爸非常生气，觉得子诺就是不想学习，就是想玩游戏，懒病犯了，需要好好教训一下他。这时候妈妈想起了医生讲的话——这可能是心理问题，于是制止了爸爸，一家三口一起去见了心理咨询师。

在我国中小学生中，厌学情绪相当普遍，无论是学习成绩较差的学生，还是学习成绩优秀的学生，大部分学生都有不同程度的厌学倾向，家长带孩子来咨询最多的也是厌学的问题。一项调查中发现，只有不到6%的初中生是因为喜欢而上学的。来自中国青少年研究中心的一份数据也显示，高达70%的中学生具有厌学情绪问题，但程度不一，表现形式也不尽相同。有的孩子会表现出厌学的行为，如逃课，或者像子诺那样不想去上学，想玩游戏，有的孩子则没有表现出来相应的厌学行为，只是具有厌学情绪，照样学习、照样上课。

不想去上学的孩子在家都做什么呢？在我的咨询经验中，几乎所有的孩子都会在家上网或者是玩游戏。究竟是玩游戏导致了厌学？还是厌学导致了玩游戏呢？也许没有办法去界定二者的关系，但是这二者的确有可能相互影响。家长们可以想象一下，在你上学的年代，如果你不想学习，你会怎么做？那个时候也许没有这么大的学习压力，很少有厌学的情况，实际上很多孩子都会渴望并期盼着去学校。因为去学校可以和同龄人在一起，可以和小伙伴们玩，如果不去学校在家里，没有人陪自己玩，是孤独、无聊的。而现在呢，如果孩子不想上学，只要家里有一台电脑，他的孤独感和无聊感都可以通过电脑或者游戏来解决，孩子可以玩游戏、可以看电影、可以和外界联络……又开心、又不无聊。

父母应该怎么做？

父母心里要有一个判断，**不一定是孩子喜欢玩游戏，所以厌学，有可能游戏是孩子面对学习困难或者是厌学的应对方式**。这种情况下，更应该关注主要问题，主要问题解决了，孩子过度玩游戏的问题也就迎刃而解了。很多父母都会有像子诺的爸爸那样的反应，这孩子就是懒，就是贪玩，得教训一下才能听话，幸好妈妈阻止了爸爸，要不然这样的处理方式会火上浇油，进而由孩子的上学问题发展为亲子冲突。

所以要了解孩子究竟怎么了？对子诺来说，他究竟为什么不去上学？对于学习成绩好的学生来说，通常情况下可能会与一些学习困难、学习适应、学习上遭受的挫折，或者是学校中的人际关系有关，比如，现在大家越来越关注的学校霸凌事件。而对于成绩差的学生来说，缺乏学习兴趣、动力，或者是学业中遭受太多挫折，缺乏自信，以及学校中的人际关系问题，可能会是其中的某种或某些原因。通过咨询，咨询师了解到子诺在小学的时候学习成绩很好，但进了一所重点中学后，学习难度增加了，而周围同学的成绩都很好，自己并不像想象得那么优秀，再加之父母一直都很重视自己的学业，子诺开始怀疑自己能否做一个优秀的学生。

父母需要有比较多的耐心和对孩子的接纳，才能了解到比较真实的原因，这样孩子才能更好地表达自己的真实想法。如果像子诺爸爸之前想的那样教训孩子，无论是语言上还是身体上，并不利于孩子表达出真实的原因。成绩好的学生还有一个担心，当表达出自己有学习困难或者是适应问题时，通常会担心父母的反应，比如，会不会让父母失望啊？父母能不能接受啊？这时需要父母有更多的接纳，才能更好地帮助孩子。

了解清楚原因后，父母需要对症下药，帮助孩子重新建立对学习的信心或者兴趣，帮助孩子去面对学校人际方面的困难，必要的时候还可以求助于专业的心理咨询。

除了帮助孩子去面对学习的困难，还有一点需要父母了解的是，在生活中培养孩子除学习以外的其他兴趣也非常重要。如果孩子只爱学习，一旦他遇到挫折和困难，这对孩子来说就会成为致命的打击，就好像孩子只有学习一条腿，只用这条腿走路，如果这条腿出了问题，孩子就会觉得自己没有办法生活下去了。所以，除了学习，还要培养孩子对大自然的好奇和热爱、对艺术的欣赏、对体育运动的兴趣等。孩子有了这些兴趣爱好以后，沉迷于游戏的可能性也会大大减少。沉迷于游戏的好学生往往都只会学习，不会享受生活和其他乐趣，一旦学习遇到挫折，就只会玩游戏了。

第九节
孩子马上高考了,却迷上了玩游戏——重大事件与玩游戏

阳阳今年高考,眼看还有1个月就考试了,妈妈看阳阳经常拿着手机玩游戏,玩的都是连连看、消消乐之类的游戏,妈妈觉得很浪费时间。

妈妈找阳阳谈心,苦口婆心地劝阳阳多花一点时间在学习上,只剩下1个月的时间了,就是最后一哆嗦,考完以后想怎么玩就怎么玩,可是一点都不管用。阳阳依旧每天回家需要玩一会儿才能去复习。

妈妈真是很着急,因为女儿要高考,妈妈也很紧张,恨不得每天都围着女儿转,只要女儿认真复习,父母平时在家连电视都不敢看,也不许开电脑,只为给孩子提供一个安静的、良好的学习环境。妈妈每天给孩子变着花样地做好吃的,就是为了搞好后勤工作。妈妈的业余时间都在陪孩子上各种辅导班,一刻都不停

歇，恨不得能把所有能利用的时间都利用起来，所以妈妈看着孩子每天必须玩一会儿游戏，心里真是着急。

爸爸对此的态度要淡定一些，爸爸觉得别把孩子搞得太紧张了，玩就玩吧，也没什么，可是妈妈就是接受不了，妈妈看自己说没用，又让爸爸去"劝说"孩子，爸爸的劝说也无效。你白天不让她玩，她晚上躲被窝里玩，又不能完全没收她的手机，有一些学习都是通过手机APP来完成的。

最后妈妈不得不使出最后的绝招：除了学习的时候，手机不能在孩子手上，阳阳立马不答应了，觉得现在需要手机，玩一会儿感觉很放松。于是一家三口决定开家庭会议来商讨如何解决这个问题。

在面临重大考试，或者有重大压力事件的时候，大家的第一反应是，既然这个事情很重要，那么就应该积极地去做，或者是积极地去面对，这个时候更得花时间和精力在上面。就像阳阳即将高考，妈妈觉得应该把所有的精力都放在应对考试上面。从道理上来说，这没有任何问题，但人不仅有理智的一面，也有情绪化的一面。而这些情绪往往是一个信使，在传递着人的需要。就像阳阳，以前很少玩游戏，但就在临考前每天都要玩，而且玩的都是那些不需要太动脑子的"无聊"游戏。

很多人在高考前都会有压力，除非你已经完全放弃了高考，所以在面对高考时，有压力是再正常不过的事情。而面对考试的压力，每个人的行为反应会非常不一样，通常情况下，一些行为或者习惯的改变有可能预示着人正处于压力之中。比如，饮食习惯的改变，突然胃口大增，或者胃口不好，有的人会大吃一顿，有的人会买买买，还有的人会玩玩玩，还有的人会表现得比以前退缩，如不想去上学，这些都是用来缓解紧张情绪的方式。有的人就和阳阳一样，通过玩游戏来缓解这种紧张的感觉和非常大的压力。所以看似放松地玩，其实正好展现了孩子的紧张。

而孩子压力的来源，可能是学习本身，可能是学校，也可能是父母，比如，父母对孩子的期待，通常情况下父母对孩子期待越高，孩子压力越大。案例中阳阳的压力主要来自妈妈的压力，妈妈本身就很紧张和焦虑，在家里渲染的都是紧张和焦虑的情绪，不让开电视，不让发出声音，每天都在马不停蹄地学习，这本身就让人感到累和紧张。

所以，如果孩子学习压力很大，非常紧张和焦虑，玩游戏可以是一个放松的途径，但并不是唯一的途径。

父母应该怎么做？

学会观察你的孩子，他是否处于压力之中。通常情况下，你可以通过行为、情绪、生理和认知四个方面来观察孩子是否有压力。

行为：直接表达压力大，或行为习惯突然改变，比如过度地买东西、酗酒，比以前更容易发脾气、更容易被刺激到，做事比以前没耐心。

情绪：孩子是否常感到焦虑、烦躁、紧张、压力大、喘不过气来等。

生理：睡眠等生理状况的改变，比如，睡眠过多或者过少、失眠、呼吸急促、心跳加快、手脚冰凉等，经常性的肠胃不适但又找不到生理原因，身体的疼痛但又没有器质性病变。

认知：主要是价值观或者信念的改变，比如，以前的观点是"知识改变命运"，现在的观点是"读书无用"。

每个人的表现都不同，也不一定每个部分的表现都很明显，父母如果仔细观察，孩子是否有压力是有蛛丝马迹可寻的，特别是孩子这几个部分突然发生改变，有可能预示着孩子压力增大。

减压从父母开始，父母做好榜样，给孩子提供一个放松的学习氛围。案例中阳阳的妈妈本身就很紧张、焦虑，压力很大，有可能她的压力比孩子还大。当父母处于高压状态时，这种压力会通过紧张和焦虑的情绪传递给孩子，让孩子也感到有压力，所以减压要从父母做起。建议紧张的父母们可以有意识地自我放松，不要把所有的关注点都放在孩子的学习上，这本身既给父母带来了压力，又给孩子带来了压力。

想象一下，如果你处在这样一个环境中：你正面临一个重大考试，你的家人都很关注你的考试，告诉你一定要考好，这对你的人生有很大的影响。在你准备考试期间家人都小心翼翼，面色凝重，不敢大声说话，不看电视，没有任何娱乐，大家都围着你转，给你提供最好的学习环境和条件，一门心思都在考试上，你会感觉怎样？再想象一下，如果你处在这样一个环境中：你正面临一个重大考试，你的家人都很关注你的考试，大家都知道这是一个非常重要的考试，但是你的生活并没有太大的改变。大家对你有一些关注，但并没有完全改变自己的生活节奏，家人该干嘛干嘛，你又会感觉怎样？在孩子面临高考压力时，父母最好不要太改变自己的生活节奏，对孩子保持一定关注，但无须时时刻刻地关注，给孩子一些空间，也给自己一些空间。有很多家有考试郎的家长说过这样的话：孩子不崩溃，我都快要崩溃了。

告诉孩子并非要一直紧张，就像弹簧一样，只有收回来才能弹出去，人也一样，尤其在压力大的时候，更要学会主动放松。可以允许孩子适当玩游戏，因为这是孩子放松的一种方式，同时也可以和孩子商量，他还可以有哪些放松的方式，如运动、画画、听音乐、泡脚、看漫画等，需要记住的是，每个孩子喜欢的放松方式不一样，可以让孩子自己来决定。

第十节
色情图片删不删？

有一次给父母讲课，有一位爸爸提到，孩子看色情图片，作为家长该如何处理？他的儿子今年12岁，有一次无意中发现孩子的手机上有很多色情图片，一方面他似乎能理解孩子，另一方面自己又有些手足无措，不知道该如何处理。

另一位妈妈也表达了自己的担心：也是从手机里发现儿子存了一些色情图片，因为手机每天晚上都要定时交给妈妈保管，妈妈觉得这也太明目张胆了，明明知道手机会被父母看到，还要下载色情图片看。

这种担心不只是男孩的父母有，女孩的父母也有，有一位爸爸和女儿一起看电视的时候，无意中瞟了一眼孩子手中的手机，发现女儿正在看一张裸女的图片，当时就把爸爸吓得大气不敢出，这到底怎么回事？说还是不说？如果说，爸爸担心女儿会难堪，同时自己也会很难为情。如果不说，又让这位爸爸十分担心，女儿哪儿来的色情图片？是自己下载的？还是别人发给她的？她会不会跟别人学坏？

听说了这些矛盾和焦虑之后，有一位家长说："所以最省心的方法就是别让孩子用手机，孩子接触得越少对孩子来说就越好。"

当孩子步入青春期，性的萌动是自然而然的事情，就像春天花会开一样，这是大自然的规律。尽管这是正常的，但尽量不要在春天做夏天或者秋天的事情，可以有萌动，但这个时候的萌动并不能将爱的结果指向婚姻，或者组成家庭。正如很多父母担心的那样，孩子学坏，或者过早步入恋爱，或者过早有性生活，或者身心受到伤害，所以父母需要有更多的引导。

现在很多父母已经可以接纳这一点，不再用这些事情对孩子进行道德上的评判，只有少部分父母会因为孩子看色情图片或者浏览色情网站而勃然大怒。大部分父母都像案例中的父母一样觉得很矛盾和焦虑，这种矛盾和焦虑通常来自两个方面：一是接受这是青春期孩子的特点，但是又有些担心，担心孩子沉迷其中，担心孩子学坏等；二是父母想做点什么，想对孩子有些教育和引导，但是父母不知道该如何做，因为几乎所有的父母都没有在过去接受过性教育，自然不知道该如何做。

父母应该怎么做？

在对孩子进行引导和教育之前，父母应先反思，你对性的态度是什么？ 当谈到性的时候你有什么感觉？大部分的父母会觉得这是正常现象，同时又有点难为情，不知道该如何开口，这都是很正常的。父母可以看一些青春期性教育的书籍，或者上网看一些课程，帮助自己明确你要做什么。但如果你的态度是完全不可以，并且伴随着强烈的愤怒，或者是无助、担心、受伤害等情绪，或者有的人曾经有过性的创伤，那作为父母最好先寻求心理咨询的帮助，对自己先有一些探索和成长，再去引导孩子。

父母可以尝试对孩子表达理解："爸爸妈妈知道在你们这个年龄阶段，对自己和异性的身体都有好奇，有喜欢的男孩子或女孩子这都是非常自然的事情""这个阶段你会对自己喜欢的男生或女生产生一种特别的感觉，见不到就特别思念，见到了就会感觉很兴奋，有点难以言表，爸爸妈妈当年也一样"。也可以和孩子看一些性教育的材料、绘本和教材，了解人的身体、了解性。

父母还可以做一些对隐私和自我保护的引导。 人都是有隐私的，让孩子学会保护自己的隐私，就像第二位妈妈可以对儿子说:"你现在对人的身体很好奇,会浏览一些裸体的图片,但这是你的非常私密的事情,你需要保护这些私密的事情。当妈妈拿着手机发现上面有很多裸体图片时,妈妈很惊讶同时又有点不舒服,你可以把这些图片'藏'好,因为这是你非常私密的事情。"这会让孩子体验到一份被允许,同时也知道了这是自己很私密的事情,需要好好去"保护",而不是公之于众。

对于第三位爸爸可以对女儿说:"爸爸看到你刚刚看了一张裸女的图片,可以和爸爸说说这是怎么回事吗?"可能她的女儿会回答:"就是我们班那个谁谁谁发给我的。"这个时候家长就可以对孩子进行引导:如果别人发图片给自己,要怎么做,同时怎么保护自己。比如,家长可以说:"那你收到这张图片的时候感觉怎么样啊?"如果孩子觉得有些不舒服,那么可以和孩子商量如何拒绝或者是表达自己的感受,如果孩子表达自己有些好奇,那父母可以和孩子一起交流那些让她好奇的地方。

第十一节
"王者荣耀"是电子鸦片吗?

羽铭刚上初一,读的是当地的重点初中,老师抓学习抓得非常紧,管理也很严格,将来考上重点高中的可能性也非常大。自从羽铭考上这所重点初中后,爸爸妈妈就松了一口气,仿佛看到了孩子光明的未来。可是刚参加第一次家长会,就让羽铭爸妈紧张得不行。会上,老师不断强调中学的学习比小学紧张很多,必须要有好的学习习惯,学习上得更刻苦和努力,还专门强调:"游戏就是电子海洛因,是孩子一点儿都不能碰的,我亲眼看见游戏毁了无数的好学生,作为家长一定得严格监管,一旦玩上游戏,就是把孩子给毁了!"

羽铭的爸爸妈妈非常紧张,因为羽铭也玩游戏,玩游戏的时候很开心、很兴奋。非常关心孩子的学习和教育问题羽铭的爸爸妈妈,因此前来咨询。咨询中了解到,羽铭是一个学习非常刻苦的孩子,也是一个很上进的孩子,每周玩游戏的时间非常少,周末大概会玩1个小时。羽铭要求寒暑假多玩一会儿游戏,一般一周会玩两三次,每次都不超过2个小时,总体而言,还是很有规律的。自从老师下了"戒令"之后,爸爸妈妈就开始给羽铭做思想工作,希望他能全身心投入学习,再也别碰游戏,把他的游戏时间也给禁止了。羽铭虽有一些不满,但是也听从了父母的建议。父母来咨询就是想了解一下应该如何看待游戏,在这个阶段是不是应该禁止孩子玩游戏。但又担心虽然现在管住孩子了,但如果将来孩子上大学了,管不住怎么办?

不得不说羽铭的爸妈担心得很有道理,不管是对玩游戏的担心,还是对禁止玩游戏的担心。咨询师告诉爸爸妈妈,游戏不是电子海洛因,也并非玩游戏一定会上瘾,可是他们还是忍不住担心。羽铭妈妈说:"在最近网上传得沸沸扬扬的'王者荣耀'事件中,有小孩因为被没收手机,不让玩'王者荣耀'就跳楼了,还有老师写文章驳斥'王者荣耀',周围有朋友的孩子总是找父亲要钱买游戏装备,每年花在游戏上的钱不比零花钱少。现在老师们都说游戏是电子海洛因,一玩游戏就完了,我真的是很担心啊!我就是希望听听专家的意见,究竟该如何对待游戏。"

咨询师再次解释游戏不是电子海洛因,玩游戏和吸毒不一样,吸毒一定会成瘾,而玩游戏并不一定会成瘾。同时,玩也是孩子的正常需要，所以玩游戏得控制，在家长的监控下让孩子慢慢学会自我管理。这样，家长也不会担心只是禁止，以后脱离家长的监管后孩子玩游戏刹不住车。之前羽铭的爸爸已经做得很好了，咨询师给予了他们肯定，同时鼓励他们继续保持对孩子的引导和关注，不必完全禁止，适当满足孩子玩游戏的需要。

估计很多父母都像羽铭的父母一样，有着对孩子玩游戏的担心，特别是在孩子上中学以后，学习任务逐渐加重，有的教师和羽铭的班主任一样对游戏明令禁止。最近网络上流传一位中学老师的文章"怼天怼地怼王者荣耀"，下面是其中的截选——

"我比很多家长都要痛恨看到孩子们沉迷手机的样子：那种专注、那种迷恋、那种爱慕、那种笑逐颜开……那种表情是我们一直渴望从孩子身上得到的，也是他们一点点都不舍得给予我们的，更是孩子在成长之后渐渐消逝掉的。我之所以痛恨是因为我不仅仅是一位家长，更是站在一线的教师。

可能很多人会不赞同我的观点：信息化发展到今天，手机的功用达到了史无前例的高度——购物、导航、游戏、停车、挂号、点菜、拍照、修图、听歌、K歌等，几乎无所不能。为什么还要苦口婆心地反复教育孩子如何正确使用手机？难道他们不会用吗？

是的，我们必须这么做。手机是把"双刃剑"，对我们成年人来说，利大于弊，我们能自控，我们不会沉迷，我们不会打争霸赛直到凌晨3点，我们不会花大把的钱去买游戏装备，我们不会时时刻刻感到手机里有人在呼唤自己的魂魄。"

……

这篇文章引起了很多教师和家长的共鸣，但并非"没有了游戏就没有了问题"。游戏是罪魁祸首吗？游戏真的是电子海洛因吗？我们需要从两个方面来看待游戏成瘾。一方面，游戏成瘾非常可怕，在近几年兴起的脑机制研究中，科学家们发现游戏成瘾和物质成瘾有着相同的脑机制。物质成瘾可怕吗？物质成瘾非常可怕，这是很多家长所惧怕的。但另一方面，游戏成瘾又没那么可怕，因为它和物质成瘾不同，特别和吸毒成瘾不同，它并不像吸毒那样一旦使用就成瘾，绝大部分玩游戏的人并没有成瘾，反而是健康地生活着，游戏对人有很多正向积极的作用。

导致游戏成瘾的原因是非常多元和复杂的，有个体自身的因素和社会性的因素，这是个体本身、家庭、学校和社会共同作用的结果，并不像毒瘾那样是生理因素导致的结果。**所以游戏并非电子海洛因**，也并非一沾就成瘾，在这个过程中家长有非常大的预防、引导和改善的空间。游戏并不像毒品那样一点儿都不能碰，如果家长引导得好，还会给孩子带来更多积极的作用。

父母应该怎么做？

对于孩子玩游戏，一味地禁止不可取。有一个心理学效应叫"禁果效应"，也叫"亚当与夏娃"效应，讲的是越是禁止的东西，人们越是要得到手，这种由于单方面的禁止和掩饰而造成的逆反现象就叫"禁果效应"。**父母越是不让孩子玩游戏，孩子就越想要玩游戏**。细心的父母可以在生活中去观察，如果你反复给孩子强调不能做什么事情，一定不要做什么事情，你会发现总有一天孩子会去做这件事情。

和孩子更积极地沟通，给孩子更多积极心理暗示，避免消极心理暗示。比如，有的家长和孩子沟通不多，见面就说"你别玩游戏了，你要好好学习，你千万别玩游戏，玩游戏就会毁了你的一生！""玩起游戏来，你根本控制不了自己！""千万不能玩游戏，玩游戏就会成瘾，你就完了！"这对孩子来说是非常消极的暗示——"玩游戏就会毁了你的一生""控制不了玩游戏""玩游戏就会成瘾"……让孩子接收到的多是玩游戏的负面信息。很多家长都会觉得这类言语会对孩子产生威慑作用，同时也对孩子提出警示，孩子会由此远离游戏。实际上，很多时候这些暗示都会带来更消极的结果：孩子发现玩游戏真的会毁了自己，真的控制不了自己玩游戏，玩游戏真的会成瘾，好像父母的预言会成真。越来越多的父母也开始相信——你看我说的是对的吧，孩子真的被游戏毁了。

现在越来越多的心理学家关注积极心理学，关注积极心理品质的研究。这些研究改变了原来的理念——改变就是让消极的部分减少，比如，网络成瘾的改变就是聚焦于减少网络的使用，而积极心理学的理念是——改变就是让积极的部分变多，改变就是聚焦于孩子积极的部分，积极的部分变多了，消极的部分自然就少了。所以我们建议对孩子有更多积极的心理暗示，别让游戏真的把孩子给毁了，**通过玩游戏去激发孩子内心自我管理、自我控制，以及利用游戏促进学习的潜能。** 比如，"妈妈知道你只玩半个小时，半小时之后你是可以停掉游戏的。""你是可以控制自己想玩游戏的冲动的，你一定行！""玩游戏是人的正常需要，你完全可以平衡游戏和学习。""在学习紧张的时候，你是可以控制自己少玩游戏的！"如果能够在从小的教育中就运用这种积极的心理暗示，在教育孩子的过程中效果会更好。

当然，在这个过程中少不了家长的合理引导，对于初中生，不能一味放任孩子玩游戏，也不能完全禁止，要有适当的规则，同时引导孩子去学习自我管理和自我控制，做到学习和游戏的平衡。如果运用得当，游戏就像是紧张学习的调味剂，不仅不会毁了孩子，还会在紧张的时候带来放松的效果，在压抑的时候带来愉悦的体验，促进孩子的学习。

> **Tips：**
>
> ### 适合12~18岁的孩子玩的电子游戏
>
> 青春期的孩子正经历着生理发育成熟时期，但同时心理上的不成熟和迷茫让他们极度渴望追求内心的成长和独立的过程。这个时期的关键词是找自己。正是因为孩子开始找自己，所以个体之间的多样性开始发展，可以说没有一个普适的游戏内容是可以广泛推广的，不论什么游戏，孩子的自我选择和探索都是值得关注和接纳的。但这种接纳需要一些界限。
>
> - 可以根据个人的兴趣选择一些音乐、体育、漫画、推理等相关的游戏。这个阶段比较多样化，找到自己的兴趣点是关键。
> - 避免接触宣扬无价值和无意义价值观的游戏。因为抑郁

和自杀是青少年时期高发的问题。

- 避免接触宣扬错误的性观念的游戏。由于生理上的成熟，对于性关系和性体验的迷惑可能让孩子对于这个新鲜的领域产生无限好奇，父母可以主动向孩子传播一些正确的性知识，引导孩子正确地认识两性关系，让他们能够与异性建立健康的友谊关系。

- 避免带有暴力、血腥内容的游戏。因为青少年可能面临团体认同的挑战和疏离感的困扰，面对同伴压力，部分孩子容易陷入校园暴力，甚至有加入黑帮组织的风险。

Tips：

适合12~18岁孩子的亲子活动

当孩子进入青春期，同伴之间的依恋关系正逐渐发挥更重要的作用，孩子的健康成长越来越多地依赖于是否能与学校和身边的同伴建立良好的同伴关系，父母的影响在减弱。但是当孩子面对自我无法应对的重大事件时，依然会把父母看作坚强的后盾。所以在这个年龄阶段，亲子活动会逐渐减少，父母适当给予孩子更多的自主选择和自由发挥的空间。适合的亲子活动有以下这些。

- 平等的沟通与交流，了解孩子在校园可能遭遇的困难，以关怀和支持的态度去帮助孩子面对挑战。

- 规律性的家庭用餐。家庭用餐提供的仪式感会让青少年感觉到家的温馨，并提供一个良性沟通的氛围和机会。

第五章

大学：放手的分寸怎么拿捏？

　　导读：孩子自有主心骨，信任支持共进步。家长主动退二线，积极关注等求助。在孩子人格全面成长的大学阶段，父母要比孩子更有大局观，有更强的挫折耐受度和情绪的稳定性。学业固然重要，其他方面的打击也可能使孩子逃到游戏的世界，等候伤口的愈合。采取积极倾听，不主动打扰的方式，更容易获得孩子的信任，提升孩子走出沉迷游戏的信心。

第五章 大学:放手的分寸怎么拿捏?

第一节
大学生也是"学生"

小岳的妈妈今年遇到了一件烦心事,逢人就打听现在孩子玩不玩某款游戏,大学里都是怎么过的。原来,她的宝贝女儿小岳现在是一所重点高校数学专业的大学生,明年9月就该升大二了,但直到现在都没有找到大学生的感觉。当年小岳在高中时候数学成绩十分出色,单科总能排在班级前三,其他学科稍微努力一下,就能轻松保持在年级前十的位置。

可孩子上了大学之后,在电话里常常抱怨哪个室友特别难相处,或是抱怨一下哪门课程老师讲得特别快、特别难懂。寒假回家以后,也从没见她看书学习,要么坐在电脑前玩一些画面酷炫的游戏,要么捧着手机不停地刷屏幕。这可把妈妈给急坏了,提醒了几次之后,小岳就不再呆在客厅里玩了,直接把自己关进了小卧室。

开学之后,妈妈从班主任老师那儿打听到小岳第一学期的期末成绩非常一般,甚至有一科差点不及格。一问小岳到底怎么回事,她就解释说大学的数学跟高中一点都不一样,越学越没兴趣。如果再多问一些,小岳就开始怪罪妈妈当年非要逼她学数学。

当面没办法得到信息,小岳妈妈就开始关注女儿朋友圈。发现小岳朋友圈的信息要么是吃喝玩乐,要么就是参加一些跟学习不沾边的社团活动,最多的是分享哪个游戏玩到了多少分,战胜了百分之多少的人。

小岳妈妈实在是非常担心,孩子上了大学一直进入不了学习状态,除了抱怨报错了专业,就是玩游戏解闷,这样下去可怎么办呢?

像小岳一样,考上大学却没办法迅速进入大学生角色的孩子有很多。事实上,入学适应本身就是大学生要经历的第一场考验,通常入学的前三个月都是在不断地适应,有的学生适应比较慢,甚至需要花一年的时间。

到底是哪些因素会影响大学生活适应过程呢?在入学前,很多学生为了应对高考,全身心地投入学习,两耳不闻天下事,父母也为此给予了全方位的支持,很多中学生的自理能力堪忧。单单是适应大学里独立的生活环境就是一大挑战。老朋友们的分离，来自五湖四海的新朋友，尤其是朝夕相处的宿舍室友的摩擦带来的人际困扰，也会加重新生的适应负担。

此外，学习方式的转换也是大学新生面临的重要问题。中学教育属于基础教育，教学内容以高考为纲，教学上老师占绝对主导，进度慢、讲解细，练习充分且具有针对性。大学教育则强调学生自主学习能力，注重学生独立思考与创新能力的培养，高中讲三年的内容，在大学可能一个学期就讲完了，考查考试的方式也与中学有很大不同。数学这样的理工科专业难度与中学相比确实有很大的提升，很容易出现学业适应困难，进而引发厌学等消极状态。最难面对的，是中学时候的佼佼者们的心理落差，曾经自己是中学里最好的学生，如今却成了学习困难户，自卑、失落、嫉妒等负面情绪都会随之而来。

在学习难度提升的情况下，专业兴趣成为一个重要的驱动力，如果对所学专业有浓厚的兴趣，即便有困难，学生也愿意去钻研和克服。然而，在高考选择专业时，由于教育体制、家庭期待、社会就业环境等方面的影响，很多学生所选的专业并非是以兴趣爱好为基础的，缺乏内在动力的基础，再遇到现实的困难，就更容易打退堂鼓了。空虚、烦躁、丧失信心也就容易成为情绪的主旋律。

负面情绪过多，强度过大，孩子们是非常痛苦的，当这种痛苦无法通过提高成绩直接解决问题时，为了不被痛苦"杀死"，孩子们就需要有其他的"解决方案"，沉浸在网络聊天或游戏当中，到外面吃喝玩乐或去散散心，或是直接得抑郁症这样的病，其实，都只是一种逃避的解决方案。想象一下，如果你的房间里所有能发声的电器全部开到最大音量，一定让人很不舒服，最好的方式当然是把电器逐一关掉，但我们本能的解决方案，却是在第一时间捂住耳朵——逃避痛苦。

家长应该怎么做？

家长首先要意识到，入学适应是每一个孩子都要面临的挑战，允许孩子在适应的阶段有一些所谓"不勇敢""不积极"的反应。开学前可以跟孩子一起做些物质和心理的准备。例如，开学前的暑假有意识地锻炼孩子的生活自理能力，与孩子一起收集一些大学生活的基本信息，鼓励孩子积极与将来的同学、师兄师姐联系，提前建立情感联结，获得情感支持和有益建议。当孩子们发现自己所面临的挑战对于别人来说也同样不容易，父母亲也认同这是一种挑战而不会横加责备的时候，本身就有支持和缓解困难的作用，能够提升孩子面对、适应困难的勇气和信心。

报考专业要结合孩子的兴趣爱好，而不只是依照中学的成绩表现或是专业排名、就业优势。有条件的话，对将要学习哪些课程及其简介做初步了解。很多孩子就是因为不了解自己的专业，开始读了之后才发现不喜欢。我在工作中遇到很多大学生，他们不喜欢自己本来的专业，想要通过转专业的机会去学习自己真正喜欢的专业，却常常受到家长的强烈反对，为此痛苦不已。**很多家长觉得专业会直接决定就业方向和未来的发展，专业选错就步步都错，实际上，专业虽然在一定程度上确实对就业有影响，但更重要的是孩子成为一个怎样的人。**孩子将来是否能顺利就业，并获得成功，人格比专业更重要。一个因为不喜欢自己的专业而饱受压抑的人，即使将来找到了专业对口的工作，也只是继续在不喜欢的工作岗位上受苦而已。

当孩子表现出贪玩、沉迷游戏等所谓"不务正业"的问题时，家长如果一味地提醒甚至强制性地要求孩子改掉"不良行为"，就把孩子自我保护的逃避之路堵死了，让他无路可走，只能沉浸在痛苦和绝望当中。家长要意识到，孩子很可能面临着更大的痛苦或困难，要以关心和支持的态度与孩子沟通在学校发生了什么，尤其是遭遇了什么，再跟孩子一起分析，寻找可能的解决方案。

第二节
游戏只是"苦情人"

正在读大二的小林最近发现自己越来越难以掌控自己的时间了，他觉得自己不论做什么都提不起兴趣，上课时无法集中注意力，下课后没有动力去图书馆上自习，各种学习任务都要拖到最后那天才会草草应付了事。除了在宿舍里呆着，他哪儿也不想去，好像只有在他最近喜欢的一款网络游戏当中，他才能找到自己，找到目标。

宿舍同学看之前每天风风火火、早出晚归的学霸小林现在变成这个样子，也很难理解，也试图叫他一起去吃饭、上自习，但除了一两次有效外，其他时候都被他婉拒了。有个好哥们也曾约小林一起吃饭喝酒、听他诉诉衷肠，但小林也只是闷头吃饭，什么也不想讲。每周跟家里打电话，小林都只是强装欢笑，不愿意让家里担心。

其实小林心里又何尝不难受呢？大家都只看到他曾经的辉

煌,又有谁能理解他现在的苦楚。上学期,作为学院学生会的部长,他努力思考、认真工作,举办了两个创新活动,在同学们当中反响颇高,也让他下定决心要竞选学生会主席,继续引领学生会的发展。但学期末竞选中,自己的竞争对手中出现了黑马,深入的思考和翔实可行的计划都与他不相上下,但对方精美的竞选视频和竞选PPT成了最大的加分项,获得了指导老师和同学的一致认可。

意外落选,对他是个巨大的打击,一方面,他为学生会工作投入了大量的精力,上学期的期末考试期间,正好赶上他负责组织跨年晚会,为了协调好工作事务,影响了功课的集中复习,成绩从名列前茅一下退到了中等水平。另一方面,他本打算在竞选成功后,找个机会向一直暗恋的在自己部门做干事的小师妹正式表白,没想到竞选那天,却看见她与刚拿了国家奖学金的学长手牵手进入教室。

以成绩退步为代价准备竞选却遭遇失利,同时又逢失恋打击,小林甚至开始怀疑自己之前的努力是为了什么,得不到自己想要的结果,同学们对他之前优异表现的欣赏,在此时仿佛都变成了嘲笑。只有在那个虚拟的游戏世界里,他可以说任何自己想说的话而不用在意别人的目光,看谁不顺眼就打一架,看哪个女性角色比较顺眼，花点钱买个求婚钻戒便可轻松抱得美人归，领证结婚大秀恩爱，跟游戏中的老婆聊聊生活中的不如意，也总能得到贴心的安慰。不过，小林自己也知道，这样是在逃避现实。

著名心理学家艾里克森把人的一生分为八个人格发展的阶段，每个阶段都存在一种冲突或两极对立，构成一种危机。这里的危机实际上是指人格发展中的重要的转折点，是"危险"+"机遇"，若没能顺利解决危机，会带来新的问题甚至危险，但危机的积极解决则是自我成长的机会，使人格得到健全发展，促进对环境的适应。12~18岁的青少年期，主要的发展任务是形成"自我同一性"，即关于自己是谁，在社会上应占什么地位，将来准备成为什么样的人以及怎样努力成为理想中的人等一连串的感觉。而18~25岁的成年早期，主要发展任务则是获得亲密感，以避免孤独感，体验爱情的实现。在我国，因为特殊的文化环境和教育体制的关系，通常"自我同一性"的获得会滞后到大学阶段才开始。

在大学中，典型的成就感来源于学业、科研、社团工作或是某一方面的特长，恋爱是否顺利也常常成为大学生评价自己是否有魅力的重要指标。小林就正处在一个发展性危机的当口，成绩下降、竞选失败、恋爱受挫这一系列的打击，一方面可能给小林带来极大的痛苦体验和挫败感，打击他的自信心；另一方面也促使小林反思自己真正想要的是什么，适合做什么等更加深刻的问题，以寻找自我成长的机会。然而，这样的机会并不是自然而然就能把握住的，要能把握住机会，就需要移开拦在成长中间的痛苦，若要移开这份痛苦，就需要积累一些正向的力量。

男生通常比较内敛，羞于表达情感，所以很容易把痛苦闷在心里，指责自己没用，不够好。在这个时候，游戏是一个很容易帮助他实现自我价值的平台，游戏的匿名性能够减轻社会评价的束缚作用，让他不再担心被对比，暂时放松心情，停止自责；游戏的互动性也能够最大程度地满足交往需求，甚至在足够安全的时候，能让小林吐露心声，得到安慰；游戏的即时性反馈也能够及时满足小林的成就感需求。从这些角度来讲，**游戏，尤其是提供互动机会的网络游戏，其实有很大的"疗愈"作用**，能够避免孩子受到更大伤害，或是患上更严重的心理疾病。

因为小林在没有受挫的时候，表现是十分优秀的，所以可以看出他本来的心理健康水平不错，只是暂时借助游戏来疗伤。在后来的咨询当中，咨询师充分地理解和接纳他的痛苦，帮助他看到挫败感背后对自己的信任和认可，并且相信他可以为自己负责。当他心理的伤痛好转时,本身追求进步的动力就促使他重新思考自己的大学生活,很快恢复了高效的学习和生活节奏,也找到了更加适合自己的女朋友。

家长应该怎么办?

在小林的案例中,他并没有把自己糟糕的状况告诉家长,一方面他不希望家长为自己担心,另一方面他坚信父母了解自己的状况之后,会恨铁不成钢地批评和责怪他的堕落,要求他重新鼓足勇气。但在当时的情绪状态下,这样的反应只会增加他的自责,让他逃得更深、更远。

家长朋友们,你希望自己的孩子独自在外上大学的时候,受挫时告诉自己吗?你希望自己能够为深受打击的孩子提供支持和帮助吗?如果你的答案是肯定的,那么建议你按如下的步骤与孩子沟通。

第一,**承认并尝试去理解孩子所承受的打击与痛苦**,认同孩子在经历了他所认为的失败之后,真的很痛苦,心情很不好。而不是否认他的痛苦,甚至要求他勇敢一点,别被挫折影响。尤其是男孩子,很多父母期待自己的儿子可以不受情绪困扰,总是很理性地面对生活。其实过于理性的人,只是压抑和克制了内心的情感而已，不见得是真的没有负面情绪的产生。当压抑得太多了，就像装满了炸药的炸药包，一定会爆炸，而后伤人伤己。

第二，陪孩子一起面对这份痛苦，**允许和接纳孩子应对失败的暂时性方式**。父母不在孩子身边，若是太过着急，会让孩子觉得自己遇到的挫折真的是太大了，父母都搞不定。相反，承认之后，父母比较稳定地陪孩子一起面对，分析原因也好，只是多了解具体发生的事情也好，会给孩子提供这样的信息：虽然我遇到了困难，但这个困难是可以解决的。允许孩子暂时用玩游戏等方式缓解痛苦，也是对孩子很大的支持。如果完全允许很难做到，可以跟孩子一起商量玩游戏的时长，在尊重孩子需要的基础上，给予一些规则或限度的提醒。

第三，相信孩子可以走出来，也允许孩子用自己的步伐走出来，鼓励孩子去寻找支持与帮助。每个孩子都愿意朝好的方向发展，这是人的天性，没有人心甘情愿呆在痛苦里面，所以**家长要相信孩子一定会好起来**。家长在给予情感支持的同时，可以提醒和鼓励孩子去找老师聊一聊，找同学说一说，或是寻求专业的心理咨询中心老师的帮助。

第三节
手机里的"男朋友"

"蓝梦"是小梅的第一个男朋友,如果说从来没有见过面,连彼此的年龄、长相和基本背景都不清楚,也可以称为男朋友的话。这是他们相识的第五个星期,每天他们都会一起边聊天,并组队玩时下特别流行的"英雄联盟"游戏。

这款游戏其实是小梅的室友介绍给她的,她一上手就停不下来,尤其喜欢跟朋友一起"开黑"玩配合。但宿舍里的好友这学期一个接一个地开始谈恋爱,课余时间都跟男朋友在一起,没法再陪她。她心里很想跟室友一样,尽快找到一个贴心的男朋友,补上大学里"恋爱"这门选修课的学分。只是,她对自己没有信心,自己只是一个个子不高、相貌平平、身材微胖、不会化妆打扮、成绩一般、又没什么拿得出手的特长的丑小鸭,又有哪个男孩会看得上这样的自己呢?成为宿舍里的"老大难",她自己也很惭愧,却没有办法改变现状。只有在游戏里,她可以选择脸蛋漂亮、身材傲人的角色，为她穿上漂亮的衣服，并且只要努力刷经验就可以提升级别。

为了找人继续陪她组团玩游戏，她下载了一个支持"开黑"的APP，约着陌生人边聊天边游戏。在这个APP里，小梅不再像平时那样内敛谨慎，常常会主动邀约队友加盟，蓝梦就是在这个APP里认识的。最初他只是比较积极地响应小梅发布的求队友召唤，后来在游戏当中总是给小梅的角色充分的支持，随着一起游戏时间的积累，蓝梦对这个开朗自信的队友也是十分欣赏，对她的称呼也是越来越大胆，从"小傻瓜"到"小宝贝"，再到"亲爱的老婆"，小梅也从开始的尴尬，到后来的甜蜜，算是默认了两人关系的进展，逐步开得起玩笑，撒娇也是越来越多。

在交往中，两人似乎都保持着一种默契，互相不打听真实的情况，只是约着每天固定的时间一起边玩游戏边聊天，相互讲讲笑话，聊聊对娱乐新闻的看法。极偶尔的时候，也相互抱怨一下身边的不如意，但都限定在一个不过多暴露身份的基础上。觉得孤单的时候，也通过APP相互表达思念之情，说一些在生活中一定说不出口的情话。蓝梦在游戏里总是有办法保护小梅不受伤害，帮她打败对手；在小梅不高兴的时候，也总是有办法哄小梅开心。在这个虚拟的世界里，不再是"看脸"评高低，不再由成绩论成败，不再靠金钱拼幸福，小梅反而觉得，两颗心能够更加坦诚相待，不再被随意评判。

小梅也曾忍不住想象，蓝梦在真实的世界里是怎样的一个人，也曾想如果蓝梦知道自己的真实模样，是否还会愿意做她的男友，仍然那么贴心。这段真真切切牵动她内心的情感，又将有何归宿。当她看到室友们与男友牵手同行，相互陪伴时，只能一边羡慕，一边想想"住"在手机里的男朋友了。

电视剧《微微一笑很倾城》热播的时候，各大媒体天天报道，很多平时不爱看青春爱情片的朋友也纷纷围观追剧，十分羡慕借助网络游戏平台喜结良缘的男女主人公，很多单身青年禁不住幻想自己也能通过玩游戏找到理想的另一半。小说和电视剧的情节固然有理想化的成分，但在现实生活中，通过网络游戏热恋的情侣其实也不少。

网恋或者游戏恋情的吸引力为何如此之高？可能的原因有很多。

比如，大学里能否"脱单"其实在很多时候会成为评价个人魅力的指标，别人都在谈恋爱，只有自己单身，对于有些大学生来讲是一件很"丢脸"的事情。为了尽快摆脱单身状态，网络聊天或网络游戏能够迅速拓展交友范围，同时降低时间和财力成本。

还有一些大学生，对现实中的自己很不满意，对于现实中的恋爱没有信心，于是借助网络游戏的匿名性和虚拟角色的设置，扮演一个虚拟的理想的自己，再寻找一个理想的伴侣，满足自我价值感的需求。

此外，网络世界的价值观相对多元，对各类文化的包容性都比较强，在现实生活中与他人摩擦较多的大学生，可以在网络中充分表达，不用害怕被评价。对找什么样的恋人，采用什么样的交往方式，都有更强的掌控性和自主性，满足自由自主的需求。

最后，很多大学生对纯粹而不受世俗限制的伟大爱情有着强烈的向往。在网络世界中，彼此的外表、家族背景、社会地位和财富的信息更多地被隐藏或忽略，两人惺惺相惜更像是纯粹爱情，加之网络的信息模糊性创造了更多的想象空间，更能满足大学生对爱情的向往和幻想。

案例中的小梅选择维持一段网络恋情，以上的各种因素可以说或多或少都有涉及。**很多家长谈及网恋立马色变，现实生活中大学生因网恋而受到伤害的案例也屡见不鲜**。比如，云南某高校大学生三次网恋均被骗，为让恋人后悔自责，不惜吃过量安定片自杀；天津某学院大学生，在网上与某无业惯偷"一见钟情"，引狼入室遭大额盗窃；网上的痴情男友现实中可能有妻儿，网上的美女恋人在现实中可能已年过半百……然而，网恋作为现代信息社会中的一种新的交友形式，也有其不可替代的价值。"百合网""世纪情缘"等相亲网站帮助无数单身男女找到了情感归宿，网络恋情中也有许多最终修成正果。其中，态度真诚、目的明确、理性判断是重要的保证。

家长应该怎么办？

与之前大多数严格禁止子女在校期间谈恋爱的家长不同，现在90后、00后的家长更多地愿意支持甚至鼓励孩子在校谈恋爱。然而家长的任何期待都可能转变为孩子的压力，不给还处于单身状态的孩子增加额外的压力，同时允许和鼓励孩子以自己的步伐和节奏去寻找爱情，可以减少孩子为了恋爱而武断投入网恋的可能性。

如果发现孩子已经陷入网恋之中，一定不能急于批评孩子，而是先了解孩子选择网恋的原因和目的。有一些大学生非常明确自己网恋只是想要找一个人给自己情感支持，并不会去发展线下的关系，也因网络中道德约束少，充分留给自己在线下发展其他恋情的可能性。家长要予以引导，鼓励孩子在现实生活中寻找其他的情感支持，逐步取代网络中的虚拟支持，将网恋降级为网友。

若发现孩子对网恋对象的情感较深，甚至有线下的联系，可以与孩子一起分析了解网恋对象的真实背景，共同判断这份感情的可靠程度，是否值得进一步的发展，同时提供必要的安全提醒。**提醒本身会增加孩子的觉察和反思，有助于自我保护意识的提升**。有的家长为了切断不切实际的网恋，甚至急于为孩子安排现实中的相亲，以求迅速替代，反而会因"罗密欧与朱丽叶效应"而增加网恋的温度，取得适得其反的结果。

第四节
要友谊还是要成绩？

"喂,儿子,最近跟你们宿舍室友的关系怎么样了?他们还排挤你吗?"小文妈妈关切地问。

"现在都搞定了,我有办法,你就别操心了,好了,我在这儿忙着呢,不跟你说了!"小文匆匆挂断电话,继续投入到跟"战友"们的"奋斗事业"中。

"哎,你等会儿……你跟妈妈说你走的是不是正道啊?……这孩子,怎么说挂就挂啊!"小文妈妈又是着急又是担心,却不知该如何去掌握儿子的动向。

小文是家里的独子,从小受宠,加上家庭条件不错,基本没受过什么挫折。高中的时候,为了高考能拿到好的分数,家里不惜重金,给他报了全日制的一对一补习班,从上高三开始,他就没怎么去过学校,而是白天在机构享受着名师们针对性的因材施教,早晚在家享受着妈妈几乎衣来伸手、饭来张口的照顾,准备

第五章 大学：放手的分寸怎么拿捏？

高考几乎是他生活的全部内容。好在小文最终考了个很不错的分数，上了爸妈很满意的重点大学。

可刚上大一没多久，妈妈就从小文那儿了解到了让她头疼的问题：儿子很难和宿舍的同学和谐相处。因为太久没跟同学们接触，大家聊的他搞不懂，也完全插不上话。另外，小文在生活自理方面，确实与室友差得有些远，这也让他很难堪。小文妈妈其实并不在意儿子同学关注什么，聊什么，在她看来，儿子插不上话的，肯定不是什么正经的事情，也没必要太多掺和。打理生活什么的也不太重要，将来反正有儿媳妇可以照顾生活起居。只是儿子为这些事情心情不好，让她最为心疼。针对小文的这些情况，她做了很多思想工作，主要是让他不要在意这些事情，只要一心好好读书，取得好的成绩，将来能找到一份好工作就行了，可小文并不领情。她曾经试过直接给宿舍座机打电话，告诫接电话的其他同学不要欺负小文，搞得室友们也哭笑不得。

这次听到小文说搞定了，她十分惊讶，后来多方打听才知道，原来小文为了跟宿舍同学搞好关系，竟然主动申请跟他们一起组队玩游戏，每天一到晚上，一宿舍的人就集体联网战斗！持续了一段时间之后，即使宿舍同学不齐，小文也形成了习惯，每天到这个时间点就开始玩游戏！难怪小文连接电话的时间都没有了！这下可真把她急坏了，为了跟宿舍同学搞好关系，小文连成绩和前途也不要了，难道室友关系比前途还重要吗？

在妈妈眼中，学习成绩好，为将来找工作作准备是大学唯一重要的事情，但在儿子眼里，能不能跟宿舍哥儿们有好的关系，却直接影响着自己平时的心情，若是心情不佳，他做什么事情也做不到点上。究竟什么才是最重要的事情？

对于普通家庭的孩子的而言，通过高考进入重点大学，再借由重点大学研究生的学历找到一份体面的工作，几乎是25岁之前唯一重要的任务，成绩好就能一好遮百丑。然而，**一个人的自我价值感绝非单纯依靠成绩好或工作出色就能完全满足**。在中学时代，因为整个学校甚至社会都营造了一种成绩最重要的氛围，孩子们成绩好还可以维持优越感。但上了大学，被评价的纬度有所拓展，大学校园为学习能力、交往能力、科研能力、工作能力、创造能力、爱好特长等多个方面都提供了展示和提升的平台，"高分低能"是大家都在避免的标签。

孩子读大学时，大部分都已成年，成年人的重要需求，是能够自主地解决遇到的问题。小文妈妈给小文提了很多建议，却都不是设身处地的从小文的角度出发，因此遭到了小文的拒绝，直接打电话要求室友改变行为，一方面会让室友反感，另一方面也会增加小文的无力感和无能感。因为只有当自己没能力解决问题的时候，才需要其他人来直接帮忙！

能否建立和谐的人际关系，不只是交往能力的体现，更直接影响着一个人情绪的底色。离开父母，缺乏来自家庭密集情感支持的大学生，人际交往的需求会大大提升。游戏作为一个交往的媒介，因其便捷性和趣味性，成为很多男生甚至女生宿舍建立室友关系的基础。良好的室友关系，就像良好的家庭关系一样，会给学习忙碌一整天的大学生，提供一个温暖的港湾，迅速补充消耗的能量，提供重要的情感支持。

与室友一起花大量的时间玩团队游戏，的确会影响学习和休息的时间，也会对视力和颈椎、肩背肌肉带来损伤。但是否真的一无是处呢？对于小文而言，高三的独处生活使他失去了发展团队协作能力的机会，网络游戏需要团队精诚合作才能取胜，借助这个平台，能够有效锻炼小文的合作能力，也能帮他找到与室友的共同话题，迅速提升与室友的关系，加上游戏本身的趣味性和胜利带来的成就感，对小文有极大的吸引力。

家长应该怎么办？

家长自身视角要更加开阔，看到生活当中不只有学习这一件事情，也不要把学业精进看作成功人士的唯一指标。"大学之大，在于大师"，有人说，大学教育的灵魂，是使大学生借助平台和资源培养自我学习的主动性，建立专业化的知识体系，形成专业化的思维习惯。而运用平台和资源的能力，是要以交际能力、创新思维能力、掌握信息能力、团队协作能力、自立能力等多方能力为基础的。

如果说中学时孩子还在自己身边，很难把已经18岁以上的孩子当成人的话，那么孩子上了大学，空间距离的增加，也是心理距离的增加，或许这正是允许孩子真正"走出去"的好机会。正如龙应台在《目送》中所说："我慢慢地、慢慢地了解到，所谓父女母子一场，只不过意味着，你和他的缘分就是今生今世不断地在目送他的背影渐行渐远。你站在小路的这一端，看着他逐渐消失在小路转弯的地方，而且，他用背影默默地告诉你，不用追。"

"目送"孩子，意味着仍然对孩子保持关注，当孩子有需要的时候，以他期望的方式给予支持。"不必追"，其实就是允许孩子独立探索，允许他受挫。孩子上了大学，甚至从青春期开始，父母要有意识地把自己调整为"支持者"而非"管教者"的角色，更不能越过孩子，直接去干预孩子与同学、朋友之间的关系。孩子的注意力越是放在外面的世界，就表明孩子成长得越好。

家长在倾听孩子的困扰时，一方面要站在孩子的立场上理解和承认孩子的痛苦，另一方面要站在他人的立场上考虑，帮助孩子从第三方的视角来分析每个人做出相应行为的原因。如果你的孩子总是觉得都是别人的错，你就要先反思自己是否太过以自我为中心了。

第五节
游戏总冠军是我的梦想

"我们赢了!"陈力兴奋地从床上坐起来,振臂庆祝着自己的胜利。

"你发什么神经啊?大清早的让不让人好好睡觉了?"

室友的抱怨才让陈力反应过来,原来拿到全国电子竞技总冠军,只是自己做的一个美梦而已,而这个梦,他从中学做到了大学。

陈力坐起身来,给昨晚一直用到没电的笔记本电脑充上电,一眼瞟见了压在笔记本下面的学业预警通知书。这一年,他选了12门课,但从来没有任何一门他能保证出勤率超过60%,7门专业课,挂掉了4门。

陈力拿起手机,熟练地拨打同样喜欢DOTA的几个"队友"的电话,传来的却都是"对方正在通话中"的声音。"这帮叛徒!竟然都挂我电话!肯定全去上课了。不就是挂个科吗?说着,他

第五章 大学：放手的分寸怎么拿捏？

打开微信群，打算再约约其他人试试，看到妈妈昨晚有发语音留言，就点开听听："儿子，学校最近都该期末考试了吧？妈妈跟你讲，你可一定要好好学习准备考试，别出什么岔子……"语音还没放完，陈力就不耐烦地关掉了对话界面，妈妈后面会说什么，他不用听都知道。妈妈总是强调玩游戏是不务正业，每天除了催他看书就是备考，仿佛这个世界上读书学习就是唯一重要的事情。

陈力正在犹豫约谁一起练手的时候，爸爸的电话打了进来，他先是犯嘀咕，因为爸爸极少打电话给他，除了张口要生活费之外，父子俩几乎没有什么联系。电话一接通，隔着千万里都能感觉到爸爸的怒火："臭小子！你到底是怎么回事？你们辅导员刚刚打电话给我，一年挂了4门课啊！真行啊你！老爸花钱供你上大学就是让你去挂科的吗？你给我老实交代，是不是因为玩游戏？听说你还报名参加什么电竞赛，你能不能干点正事？！我告诉你，这个期末你要是还敢挂科，就别回这个家！我没你这样不争气的儿子！"

"嘟……"手机里传来挂断电话的盲音，陈力随手挂断手机，向后一仰躺回床上。这样的指责他已经习惯了，从最初的委屈和害怕，到后来的无助与绝望，再到现在的麻木，他已经不再期望着父母能够理解自己的想法，更不期待着父母能支持自己的梦想。

陈力因为连续两个学期挂科，面临退学的风险，被辅导员推荐到学校做心理咨询。像这样被辅导员老师送来咨询的学生，我们会特别注意调动他们内部想要改变的动力，而不是简单地站在学校或者父母的角度，以心理咨询的名义，给学生做思想说服工作。当我们建立起良好的信任关系后，陈力确信我不会像他的父母或其他老师一样要求他必须做出何种行动，而是愿意倾听和尊重他的意愿之后，他终于放下防备，讲出了自己内心的痛苦。

爸爸从小就很少陪他，只管提要求，然后忙着工作挣钱，为家里提供经济支持。"我爸爸确实很有本事，能给我提供很好的物质条件，可是光有钱有什么用。宁可选一个职位普普通通，能够陪我一起生活的爸爸。"陈力动容地说。"我妈倒是十分关心我，从小到大都无微不至的照顾我。可是她在生活上总把我当小孩看，什么都要千叮咛万嘱咐，我真的觉得特别烦。真正学习上的事情，她却帮不上什么忙。还有就是她跟我爸一年见不到几次面，有什么话都跟我说，逛街也要我陪。我为什么要听那些他们大人之间的破事，我又不是她老公！"谈到妈妈，陈力的态度变得很矛盾,又感激、又怨恨。

陈力爸爸常年在外挣钱,妈妈负责照顾生活,与孩子相互依赖,这样的家庭被家庭治疗称为"太空人家庭"。爸爸就像与工作结婚了,亲密无比,妈妈在家就像与儿子"结婚"了,儿子同时还承担着丈夫的角色。过于亲密的母子关系,让孩子感受到强烈的被控制感,特别需要一个出口或者一片领土是自己可以保有的、不被侵犯的。陈力的选择,就是坚持"游戏总冠军"这个梦想。哪怕这个梦想可能毁掉他的学业,他也要抱着它,以争得自由。这显然是一种代价极大的方式,但为了自由,陈力在潜意识里认为是值得的。

在后来的咨询中,我陪着陈力借助父母对自己的爱,不断地划清与妈妈之间的界限,促进爸爸和妈妈之间更多的交流,让他有机会在正常的情况下享受到自由。同时,帮助他在生活当中找到线下活动的乐趣,慢慢地,他对本来就比较擅长的化学学科有了更多的兴趣,愿意回归到正常的学习环境中。虽然他仍把游戏冠军作为自己的梦想,不同的是,他能够与团队共同协定固定的训练时间,提高了效率,最终也在电子竞技中取得了非常优秀的成绩。

父母应该怎么做？

陈力在最严重时，其实已经达到了游戏成瘾的标准，因为过度沉迷于游戏，荒废了学业，影响了室友关系，这些基本的社会功能都遭到了损害。在这样的情况下，父母首先要意识到问题的严重性，很难再通过简单的说教或普通的晓之以理、动之以情来改变孩子的状况，一定需要带孩子寻求专业的心理帮助，而且通常家庭治疗比个体治疗更快见效。家长也应参与到咨询当中，对整个家庭的沟通模式有更多的觉察，从而以更深刻的角度理解孩子游戏成瘾的原因，全家总动员帮助孩子改变现状。

家长要明白，游戏本身并不是问题所在，电子竞技也是被国际所认可的竞赛项目，孩子愿意参加这样的竞赛并非不务正业，只是需要评估目前的状态，是否能够承受全身心投入电子竞技所付出的代价。**有理想不是问题，问题是实现理想的方式是否要这样"破釜沉舟"**，可以引导孩子更多地思考，拿到冠军之后自己的人生又能如何发展，需要何种准备。这样顺着孩子的思路，启发孩子思考，进而让孩子自己认清自己当下的最重要的需求，是更容易让孩子接受，又能让孩子为自己负责的方式。

父母要把孩子真正地当成年人对待，鼓励孩子为自己的人生做规划，自己打理自己的生活。很多时候，孩子一直在长大，但家长对待孩子的方式并没有随着孩子年龄的增长和心理的发展而做出调整。表面上是孩子越来越不听话，实际上是家长的教育方式需要"成长"。

> **Tips：**
>
> **适合18~24岁的孩子玩的电子游戏**
>
> 这个阶段是成年初期，孩子离开父母开始独立生活或进入大学集体生活。埃里克森认为成年初期的发展任务是发展亲密感避免孤独，孩子开始尝试建立亲密关系，这个过程可能伴随着挫折和痛苦，也会有很多新的尝试和乐趣。同时他们也要面对独立生活，很多事情要开始亲力亲为。适合这个阶段的游戏有如下一些。
>
> 作为交流工具的游戏。特别是在大学集体生活中，游戏会成为同伴之间增进友谊的一个载体，那些需要合作的游戏会成为大学生最爱的选择。
>
> 强调游戏技巧或团队协作类的竞技游戏。除了消遣类的活动外，通过游戏去展现自己的能力水平也是大学生的重要目的，这些游戏能够达到训练认知能力的效果。

Tips：

适合18~24岁孩子的亲子活动

这个阶段，孩子正在开始学习与原生家庭分离，自己独立生活。适合的亲子活动有如下一些。

- 平等的沟通与交流，了解孩子对未来的计划和期望。
- 父母鼓励和支持孩子学习独立生活的技能如学开车、烹饪等。

第六章

"游戏"与"游戏成瘾"是两回事

　　导读：在本书前面的章节中，我们列举了很多现实生活中常见的，不同年龄段的孩子与网络或游戏接触的案例，在这些例子中，家长们往往都比孩子更加着急、更想要尽快找到解决的途径。我们也尝试不断传递这样一种理念：孩子之所以对网络或游戏更有兴趣，甚至达到沉迷的程度，一定是有其原因的，最常见的原因，就是孩子在现实生活当中没有办法得到正常成长所需的"心理营养"，这使他们或主动或被动地到虚拟的世界里寻求满足。

第一节
硬币的两面：游戏也有积极的一面

到目前为止，家长们对电子游戏的负面看法仍多于正面看法，认为电子游戏不仅会导致孩子们身体健康方面出问题，如近视、脊椎、关节劳损等，也会引发叛逆及暴力行为，甚至导致孩子们不思进取，荒废学业，或者越来越孤僻。这些现象确实存在，媒体也大量报道了电子游戏的负面新闻，但游戏对孩子的影响并不完全是负面的。

孩子们为什么爱玩游戏，尤其是容易沉迷于网络游戏？游戏到底有何吸引力？能给孩子们带来什么好处？从进化的角度来看，人类的任何一种行为之所以被保留下来，一定有其"功能"，即所谓的"用进废退"。电子游戏从被开发出来开始，玩游戏的群体就不断发展壮大，这就说明"玩游戏"这个行为，一定是有其功能作用的。这里的功能，未必是从我们习惯的社会评价或价值观的角度来考量，而是要更加深入内心，从人的本性需要来看。作为心理学工作者，我们是需要肯定游戏作为一个工具的积极功能的。当然，**游戏积极功能的发挥，要以它的适度使用为前提。**

首先，它能够有效达到放松、娱乐的目的。当整个社会在发展经济，强调时间像海绵里的水，要被挤出来干"正事"的时候，我们仿佛都忘了，休息和放松也是一个人的基本需要。孩子在经历了一整天的学习或一个学期的辛苦读书之后，对放松的需要自然会积累起来，愈发强烈，必然需要一个出口。否则当下压抑得多厉害，将来就会爆发得多猛烈。生活中有不少中学时过度压抑放松需求，上了大学一旦外部约束有所放松，就爆发游戏成瘾的孩子。简单又有趣的游戏是特别低成本的娱乐方式，门都不用出，坐在沙发上就能完成，适时适量的游戏才有助于放松。

很多游戏之所以让人觉得好玩，就是因为它能够给孩子们带来乐趣，带来愉悦的感受。 看着精美或是呆萌的人物设计，欣赏游戏中时尚闪亮的人物装扮，或是体验战斗当中炫丽的技能，这些画面带来的美，本身就是一种享受，更别说在游戏中取得成就或进步之后，那种深深的满足感和成就感。作为游戏中最大帮派或团队的大BOSS或是核心成员，在游戏中几乎万众瞩目，那种风光，简直不亚于在现实社会中当明星的体验。

此外，有研究者针对游戏的正面价值做了大量的研究。结果发现，电子游戏中蕴含大量"学习性因素"，例如，它们涉及各种技能、知识，它们要求玩家按照一定的规则，去利用已有的游戏线索解决一个或多个难题，从而为提升玩家的认知能力提供可能性。有些特殊题材的游戏，如历史题材、传统文化题材等，含有文化内容、科技内容、历史内容，使学生获得互动经验，发展手眼协调技能，体验到成就感，避免他们在枯燥的课堂中丧失学习的兴趣，鼓励他们寻找乐趣，让他们能够在娱乐的同时扩大知识面，加深对书本上某些概念、原理、关系等的理解。对训练并提高玩家思维的敏捷性、发散性、创新性具有直接的作用，并能提高解决实际问题的能力、动手能力、与人交往能力，甚至语言表达技巧等。

角色扮演类的游戏为玩家提供了尝试不同角色的机会，使孩子们可以通过体验不同的游戏角色来更好地把握现实生活中的角色定位。运用fMRI进行的脑成像研究也发现，适度玩游戏会让大脑相关区域的反应更加迅速，当然，过度沉迷会带来类似物质成瘾的脑损伤。努力要让科学流行起来的《最强大脑》节目当中，不也有靠玩游戏玩出最强大脑的例子吗？

很多家长觉得，那么简单无聊的东西，哪来的那么大兴致。

这其实很像庄子说的,"子非鱼,安知鱼之乐?"就像孩子们小时候很难理解家长打扑克、搓麻将有什么好玩的一样,家长们在难以理解孩子行为的时候,至少可以默念:"孩子之所以这样做,一定有他的道理。"而且在这个道理中,一定还蕴含积极的成分。这在前面的案例中已有大量的例证,这里就不再赘述了。

第二节
游戏设计中的心理"陷阱"

大部分游戏都具备上述基本的积极功能,让孩子们欲罢不能的,其实还有游戏开发者们精心的设计的"陷阱"。游戏的开发和设计是一项很深的学问,最简单的游戏设计,也蕴含着心理学知识的应用。尤其是现在更加流行的便捷的手机游戏,没有办法在画面和氛围的营造上达到电脑游戏的效果,就需要从游戏设计的思路上,满足玩家的心理需要。流行度高的游戏是如何吸引孩子并满足他们的心理需要的呢?

简单举例来讲,我们发现流行的游戏至少有这样一些共同的要素。

一是入门简单,上手容易。游戏最基本的一个设计目标,是让人娱乐、放松。要获得更大的用户群体,首先要让大多数玩家能够"驾驭"得住。像消除类的游戏,就十分简单易上手,普及度很高。过度烧脑的游戏,只能是在高智商的群体当中短暂流行一阵，无法符合大多数群体的口味。

二是反馈即时，渠道多样。在优秀的游戏中，只要玩家执行一个操作，游戏就会给出相应的反馈，或奖或惩，很容易让玩家掌握生存法则。即便任务本身无聊，但"只要努力，便一定会得到结果"的设计，也会让人上瘾，如曾经风靡一时的农场、牧场类游戏。文字、震动、背景音乐等多种感觉通道的反馈渠道，更会增加玩家的掌控感。

三是竞争与排名机制。很多游戏会从不同维度对玩家的投入、能力、成果进行排名，生成排行榜。这大大激发了玩家证明自己的动力，希望跻身排行榜前列，以证明自己的能力，获得大家的认可。每一次名次的进步，又进一步形成了正面的反馈。

四是环环相扣的小目标。游戏玩家常常会有这样的体验，本来打算玩完这局就收工，但系统马上提示可以进行下一项挑战，或是当前某个级别只剩下很小的差距即可再升一级。升了这一级之后，系统又会提示在这种新升级的状态下，可以享受某种晋级加速的福利，或是什么限时的好处。完成这个阶段的小任务，离总目标只有一步之遥，不一鼓作气都怕失了机会。眼看马上玩够了一小时，又赶上什么整点的活动。总之，每隔短短几分钟，就有一个新的奖励在等你，总是让人欲罢不能。

五是无限次的重复试误机会。玩家在游戏中有着充分的自主试误权力，出了错，玩不好，没关系，可以立刻再来一遍。游戏角色被击败了，重置就好，这条命丢了，立马就能复活。甚至复活前的游戏属性还能有所保留，都不是完全生不带来死不带去。而且**不管你犯多少错误，游戏都不会嫌烦，也不会批评你太笨，它只是非常客观地显示一个失败结果的页面而已。这一点极具诱惑力。**

除以上这些之外，网游中的团队协作、公会互助的设计，也给了玩家一个抱团的机会，甚至还能够通过牺牲个人利益服务于团队，体验自己的价值感。或是提供多样化通关的可能性，允许玩家充分发挥自己的能动性，炫耀自己的独特本事。这些都是游戏设计中能够提升玩家对游戏的喜爱和依赖度的要点。

第三节
"游戏成瘾"的判断标准

父母们最为担心的，还是孩子是不是真的"游戏成瘾"。毒瘾、烟瘾、赌瘾、网瘾，跟"瘾"沾边的，仿佛都会害尽全家，足以让家长谈之色变。所以，当孩子表现出对游戏比较浓厚的兴趣，家长就开始担心孩子是不是游戏成瘾了。一些心急的家长甚至开始迅速行动，把孩子送到所谓的戒瘾机构，寄希望于能"管"得住他们的人。**家长对孩子的异常表现有及时而恰当的反应，能够有效地防止问题恶化**，但"及时"和"恰当"同等重要。家长首先要搞清楚，究竟什么是游戏成瘾，家长怎样判断孩子只是正常的喜欢玩游戏，还是真的成瘾了呢？

其实，从严格的医生或心理学角度来说，尚未确诊"游戏成瘾"这种疾病，最新的心理精神疾病划分里，在《精神障碍诊断与统计手册(第5版)》第三部分（在这一部分列出的疾病诊断均为可能有临床价值，但尚不能作为精神障碍的官方诊断，仍需进一步研究）补充了一种网络游戏障碍（Internet Gaming Disorder）。其诊断标准如下。

在过去12个月中，持续、反复地使用网络游戏，常与其他游戏者一起游戏，导致临床上显著的损害或困扰，达到以下项目中的至少5项。

1. 过度沉溺：沉湎于网络游戏（回想以前的游戏，或期望另一个游戏，网络游戏成为日常生活中的主要活动）；

2. 戒断：当不能玩游戏时出现戒断症状（通常表现为烦躁易激怒，焦虑和悲伤，但没有药物戒断的躯体症状）；

3. 耐受：需要不断增加玩游戏的时间；

4. 失控：试图控制自己玩网络游戏，但难以自控；

5. 除网络游戏外，失去以前的兴趣爱好或人际互动；

6. 尽管知道自己存在心理社会问题，仍然过度使用网络游戏；

7. 就玩游戏的时间和费用，对家人或其他有关人员撒谎；

8. 用玩网络游戏来逃避或缓解负性情绪（如无助、内疚、焦虑）；

9. 因为玩网络游戏损害或丧失了重要的人际关系和工作，或

失去教育与就业的机会。

在这些标准中,乍一看孩子好像都很符合,但实际判断起来,能符合5条以上的孩子其实并不多。也有跨文化的研究发现,真正符合这个网络游戏障碍诊断标准的个体比例很低,仅为0.3%~1.0%。大部分玩网游的人,其实在严格意义上,不符合9条中的任何一个诊断条目。

这就提醒其他研究者,针对网游"黑暗面"的判断务必谨慎。由于玩网游的人口基数特别庞大,稍有不慎,一大批人就会被扣上"网游成瘾"疾病的帽子。同时也提醒我们的家长朋友,**千万不要轻易给孩子贴上"游戏成瘾"的标签!**这对于只是喜欢玩游戏的孩子们来讲很不公平,常常还会起到适得其反的作用。一个被冠以精神疾病名号的孩子,可能更会自暴自弃、怨天尤人,把责任推到疾病身上,也就更难为自己负起责任,也难以实现良性的转变。

当然,如果孩子真的符合5条以上,达到了诊断的标准,家长朋友们不能盲目乐观,单纯期待孩子自然好转,一定要及时寻求精神科医生或心理治疗师的专业帮助,否则可能进一步延误病情,导致孩子越陷越深。

第四节
"游戏成瘾"的四个阶段

游戏成瘾虽然与物质成瘾有相似或相同的生理机制，但毕竟与物质成瘾不同。毒品是绝不应该碰触的，因为不管是谁，只要沾了，就会成瘾。但游戏不同，如果我们不从疾病的角度去简单粗暴地给孩子贴标签，而是从有规律可循的行为发展阶段的角度来理解孩子们对游戏的喜欢和投入，就会有不同的视角和发现，也能更好地理解为什么大部分玩游戏的孩子都没有真的发展成游戏成瘾的患者。

经历了对很多过度使用游戏孩子的家庭咨询，也参考实践了很多理论与访谈研究之后，我们发现，根据孩子们对一款游戏的热情和沉迷程度，大体可以总结为四个时期：潜伏期、爆发期、调整期、自愈期。在每个时期，孩子们的行为都会有一些规律性的特点，**家长们也要注意做好相关的预防干预工作。**潜伏期的时间可能相当长，这也就给了我们足够的时间和机会防患于未然。

潜伏期

医学上的潜伏期,是指病原体侵入人体至最早出现临床症状的这段时间。我们这里讲的潜伏期,也更关注于未来可能痴迷游戏的孩子。当前各种电子产品繁多,很多家长和孩子甚至手机、平板电脑不离手。WiFi与4G网络的全面覆盖与上网费用的降低,也让大部分手机和平板电脑用户习惯了时刻保持网络在线,大大提升了网络的使用时间和频率。以前用于评估网络成瘾程度的"平均每天使用网络的时间"越来越难以界定。要让孩子完全不接触网络,几乎是不可能的事情,而要预防孩子对网络和游戏的依赖,也确实越来越困难。因此,家长们要有意识地逐步放宽对孩子使用电子产品和网络功能的要求,不能单纯地从使用时间上做限定,而要更加关注于网络和游戏的使用是不是真正对孩子正常的社会功能造成了不良影响。

通过我们的观察发现,孩子在游戏成瘾潜伏期可能就有了以下一条或多条苗头性的表现,需要引起家长们的注意。

- 在学业等当前主要任务上,对自己的表现不太满意,或体验到较大的压力感;
- 在现实生活中缺少能体验到成就感的领域或事项,常常感到自卑和失落;

- 关注面较窄，爱幻想，缺少现实的兴趣爱好；
- 与家庭成员的关系较为疏远，与父母可谈论的话题很少，仅局限于学业或成绩方面；
- 个性比较内向，沉默寡言，与周围同学、朋友的关系比较疏远，缺少志趣相投的好友；
- 对电子设备有较强的兴趣，也有很多机会可以接触到这些设备；
- 身边有痴迷于游戏的同学、朋友，经常与其交流游戏内容与技巧。

家长要注意的是，潜伏期可长可短，更多的与孩子承受当前压力状态的能力有关。当发现孩子有这些苗头的时候，预示着孩子需要一个出口去释放压力，或是需要给生活增添更多的色彩，家长们可以引导和为孩子提供更多现实层面的解决方案，比如鼓励孩子多参与线下的活动，培养一些兴趣爱好，或是结交更多的朋友等。

爆发期——评估孩子的游戏行为是否需要专业干预

在这个时期，孩子得以接触到网络游戏这个新事物，或者玩过游戏的孩子接触到了另一些新的游戏类型或游戏任务而被深深吸引，表现出极大的兴趣，花费大量的时间和精力投入游戏活动中。这种痴迷常常发生在大考前后，也常出现在假期时段，孩子顾不上吃饭和上厕所，甚至会熬夜玩游戏，对原先感兴趣的活动也暂时不闻不问。有时孩子不仅会关注游戏本身，还会大量搜索游戏周边信息、购买周边产品等。在这个过程中，孩子还会逐渐感受到"难受或困扰"，比如，睡眠不足、其他事情没法按时完成等，很少有孩子对这些痛苦毫无感知。这个阶段持续的时间从几周到几个月不等。

通常这个阶段是家长最为担心的阶段，因为孩子的疯狂程度会让人担心这种状态会一直持续下去，并导致孩子一事无成。如果我们可以拓展一下视野，联想一下生活中人们对新鲜事物的态度，也许家长们可以略微放松一些。想想看，小区门口新开了一家大型超市，开业的前几天超市总是人满为患，购物者络绎不绝。而两三周过去后，超市里人声鼎沸的场景会渐渐消失。面对一个新事物，只要它挂上新鲜的标志，我们的好奇心都会促使我们去体验。再回想一下自己的生活经验，我们是不是常常去新开的火锅店尝鲜，去新建成的公园感受新鲜空气？所以，当孩子面对一个网络上出现的新事物的时候，在一段时期内陷入着迷状态的现象是不是更容易理解了？

再想想看,当你听说某家新开的餐厅味道确实不错,心心念念想去尝鲜的时候,却被强硬地限制就是不能去,你对那家餐厅的兴趣就会陡然收起吗?恐怕很难,更多的时候,我们会更加惦念那家餐厅,甚至忍不住琢磨怎样才能突破现实的限制,偷偷去体验一把。

因此,在爆发期,家长们要做的,首先是理解在潜伏期的心理需求得不到满足时,游戏带来的乐趣确实能够极大地满足孩子的需要。与此同时,要警惕孩子卡在这一阶段,导致成瘾的可能性,对比上面提到的诊断标准,观察孩子对游戏的痴迷是否已经严重影响到了正常的社会功能,如果确实有成瘾的迹象,需要予以重视,并及时寻求帮助。

如果孩子玩游戏确实兴致很高,但正常的学习和生活依然能够有所顾及,家长则应尽可地能让孩子在现实条件允许的情况下,尽情地体验游戏的乐趣,而不是贸然阻断孩子的兴趣,引发激烈的反抗。如果孩子平时确实很压抑自己的情绪,家长要主动引导孩子在适合放松的时期,如寒暑假去完成这个过程,并自然过渡到下一个阶段。当然,要能克制自己的担心,对孩子如此痴迷的状态保持接纳的心态,对于很多家长来说都是很不容易的事情,这就需要**家长朋友们一方面对孩子使用游戏的行为规律有所**

了解，对孩子自然走出沉迷状态树立信心。另一方面也要从平时的自我修炼开始，**不断提升自己心态的稳定性**，这个部分在后面一章会更加详细地论述。

调整期——充分相信孩子，与孩子共同合作

在这个阶段，对于痴迷游戏所带来的困扰，孩子们有了更加明显的体验，也逐步了解了问题所在，面对曾上瘾的网络游戏，孩子们会开始有意识地主动避开。回想我们的生活经验，这些对话我们熟悉吗？"天天去小区门口的超市，里面的东西就那些，懒得去了，楼下便利店买点就行""那家火锅店都去了好几次了，我已经吃腻了，就在家吃家常饭吧"。当对新鲜事物的热情逐渐褪去，大部分人都会选择回到原先的生活轨道。

面对一个日渐熟悉的游戏，孩子也会有同样的感觉，游戏中的内容都已经非常熟悉，通关了好几次了，隐藏的线索也被探索得差不多了，或是游戏的套路已经了解得差不多，剩下的只是靠时间投入而提升经验值而已，技术含量已经没那么高。即便游戏开发者还在不断开发新的任务和情境，但因为已经了解了游戏最为核心的内容，再玩一遍，自己也会觉得腻。让孩子们难以割舍的，可能更多的是大量时间和精力的投入所换来的成绩：好不容

易积累的等级和经验值,说放就放掉了,有点可惜;好不容易打下的排行榜,一旦松懈就一落千丈,实有不甘;在游戏中建立的战友情谊,离开游戏的平台,可能就相忘于江湖,有些遗憾……在这样的痛苦与纠结当中,孩子们会主动思考游戏与现实的关系,调动自控力,想办法调整自己的游戏行为。

在这个阶段,家长要做的,就是与孩子合作,肯定和支持孩子自我调整的行为。为孩子提供一些转移注意力的方式,小一些的孩子,经常带他们出去走动,开发其他的现实兴趣;大一些的孩子则可鼓励他们多与同伴外出活动,恢复之前的兴趣爱好等。在与孩子共同协商的基础上,可以通过签订契约等方式,对孩子的游戏行为提供监督,帮助孩子共同走过调整期。

自愈期——"不管"是最好的"管",为孩子保驾护航

到了这个阶段,孩子们玩游戏的活动和实际生活会达到平衡。就像随着时间的推移,我们在有需要的时候,还会去小区门口的超市,还会去吃那家味道还不错的火锅,但是与去其他超市和便利店、去其他餐馆或在家做饭的频率保持一种平衡的状态。孩子的游戏活动也是这样,当他们对游戏"喜新厌旧"之后,他们会开始探索生活中其他的活动,开始投入到另外的"新鲜事

物"中去。

到达这个阶段,家长们就可以放心许多了,而不必把游戏"赶尽杀绝",要记得游戏毕竟有它积极的作用,为孩子保留一个可控的、放松和娱乐的出口,是利大于弊的。在这个阶段,"不管"就是最好的"管"了,允许孩子以自己喜欢的方式去探索世界。"不管"也并不等于不关心,孩子是非常需要关注的。当父母关注他们正在干什么,并且以一种支持和陪伴的态度伴随其身边的时候,孩子的爱和被关怀的需求得到了满足,自然地会形成健康的心态,在游戏和生活之间寻找平衡。父母的"管"则应适当地出现在孩子遭遇困难和面对可能的危险时,让孩子知道,他只管大胆前行,父母会在后方为其保驾护航。

我们认为,孩子对于游戏的兴趣和投入,其实都会经历以上这四个阶段,只是每个孩子因为自身的素质和所处环境的不同,经历每个阶段所花费的时间不同。家长们最担心的游戏成瘾,只可能发生在爆发期,只要走到了调整期,孩子们就离恢复常态不远了。更重要的是,**家长们要相信绝大部分孩子都会走出爆发期,与游戏和平共处。**那么哪些孩子更容易"卡"在爆发期出不来呢?

第五节
"游戏成瘾"的家庭特征

现在,家长们应该越来越多地意识到游戏成瘾,真正的罪魁祸首,不是游戏本身。回看经济高速发展的这二三十年,从最初的电视成瘾,到单机游戏机成瘾,再到网络成瘾、网游成瘾,家长们从声讨电视,到声讨游戏机,再到声讨网络和网游。其实,不管对什么上瘾,都只是孩子深层心理需求得不到满足的表现形式与媒介而已。问题的根源,不在于各种与时俱进的平台,而在于家庭,更准确地讲,在于家庭关系,包括父母关系和亲子关系。

心理学研究者的大量理论与实证研究结果表明,**家庭内部的冲突越是频发、越是激烈、越是无法解决,对孩子心理健康的负面影响越大**。尤其是父母发生冲突的内容与孩子有关时,孩子的心理痛苦会越深,也就越有可能把游戏作为应对痛苦的解决方案。孩子对游戏越是沉迷,越能说明他在家庭中缺失了什么。

前面我们总结过，流行的游戏至少有这样一些共同的要素。

- 入门简单，上手容易；
- 反馈即时，渠道多样；
- 巧用竞争与排名机制；
- 设置环环相扣的小目标；
- 提供无限次的重复试误机会；
- 团队协作、公会互助的设计，和多样化通关的可能性。

这些设计要素让孩子们欲罢不能，也让孩子离家庭越来越远。然而，孩子也有"趋利避害"的本能，原本是让人觉得无限温馨的家庭港湾，为何有时会让孩子避之不及呢？在前面的案例部分，我们已经有过很多的解读，在这里再总结一下，相对于游戏提供的"温情吸引"，看看孩子在家庭中会遇到哪些挑战。

一是观点多元，规则不清，冲突频发。很多家庭都是三代同堂，父母、祖父母共同参与孩子的养育和管理，三代人因为成长环境与生活背景的不同，观念和习惯上有或许总有大量的冲突和矛盾。比如，最让人头疼的婆媳矛盾和常见的夫妻冲突。**孩子作为被管的人，需要花费大量的心力去揣摩每一个人的养育风格，学习"见人下菜"**。但在家庭冲突之下，到底听谁的，怎么做，实在很难权衡。相较于游戏里简单明确的规则和操作方式，家庭环境确实过于复杂。**每个人都有趋利避害的本能，在家庭冲突频发的背景下，逃到一个规则简单，解决冲突的方式也很直接的游戏世界里，可以说是很自然的选择。**

二是反馈模糊，方式单调。游戏从不吝惜给玩家反馈，玩家一个简单的进步，系统恨不得欢呼雀跃、昭告天下。但在很多家庭中，孩子很少能得到家长及时和具体的反馈，尤其是在做对、做好事情的时候，很少能够得到积极正向的鼓励，要么就是很笼统，显得缺乏诚意。孩子做错了事情，很多家长也是惩罚在前，甚至不给孩子解释惩罚的原因。一个很典型的场景是：一个小孩犯了错，家长上来就打了孩子几下，边打边问："知不知道哪儿错了？"孩子很茫然，于是回答"不知道"，结果家长下手更狠，边打边说："错了还不承认！以后还敢不敢？"孩子为了避免挨打，只好赶紧认怂："我错了，再也不敢了。"家长满意地扬长而去，留下孩子不明所以，黯然神伤。更多的女性家长则喜欢用"唠叨"的方式给孩子反馈，一件事没做好，同样的话提醒千万遍，实在是单调又惹孩子烦躁。

三是盲目攀比，只重成绩。仔细观察游戏中的排行榜，你会发现维度多样，而且每个榜单只显示前十名，相较于庞大的玩家数量来说，榜单上的玩家是极为顶尖的群体。落后的玩家，仅告知个人排名，或简单显示"未上榜"，并鼓励玩家努力提升排名就好了。很多家长却只盯着学习成绩，完全不重视孩子兴趣爱好的培养，凡是做与学习无关的事情就是"不务正业"。随着考学政策对特长的重视，家长们又开始盯着有助于择校加分的特长看，兴趣爱好的培养完全带功利色彩。学校给出的排名也常常是详尽的大榜单，很容易被家长用来打击孩子的自信心，永远都是表扬别人家的孩子。这样被压抑久了，孩子自然容易被有趣的游戏所吸引。

四是目标过于远大，平时无成就感。网上曾流传这样一张图片，一个刚出生熟睡中的婴儿，头顶上摆着"距离高考还有6414天"的牌子。乍一看很可笑，细回味却觉得很可悲。生活中也不乏家长在孩子还很小的时候，就开始设定一个过于远大的目标，比如，为考大学做准备，原本可以体验当下丰富多彩的生活，却变得功利心过强。然而，**随着人们生活节奏的加快，为几年甚至几个月之后的事情做准备，都容易引发"拖延"，更别说对于心智尚未成熟，自控和自我激励能力尚弱的儿童、青少年，他们很难盯着一个很远的目标来约束当下的行为。**缺少当前具体的目标和努力方向，也就很难获得成就感。反观游戏设计，从来不会让玩家觉得有一秒钟是在无所事事，每个时刻都有适合其当前级别或角色的任务,以及只要努力就可完成的小目标,时刻不忘增加玩家的成就感。

五是难以容忍孩子的试误。**在不断尝试犯错的基础上掌握知识和技能,可以说是一个人成长过程中最自然的学习方式**。游戏可以温和而无条件地为孩子提供无限次的重复试误机会,在家庭中呢?恐怕孩子听到更多的都是禁止性的命令:别摔着!别动这个!别干那个!别吵!别闹!别哭! 孩子一旦真的犯错,尤其是犯重复的错误,极易激发家长的厌烦和愤怒情绪,更让孩子觉得备受束缚,不如游戏中的环境宽松包容。

六是缺少同伴和小团体的归属感,缺乏自主性。游戏中团队协作、公会互助的设计能够极大满足孩子与同伴交流协作的需要,也能让孩子感受到在一个大环境下,归属于一个小集体的温暖和荣誉感、责任感。但在家庭当中,尤其是独生子女家庭,孩子只能跟长辈交流,缺少跟同辈交往的机会,容易感到孤独,也不利于人际交往能力的提升。另外,在家庭当中,孩子的生活通常都得全方位听家长安排,自主性非常低,这与游戏中自主决定操作方式,甚至可以自主开发多样化通关技巧相比,真的很缺乏吸引力。

以上这些家庭中普遍存在的特点,确实会增加孩子停留在游戏中的时间，更多地回避充满挑战的家庭和现实生活。然而"冰冻三尺，非一日之寒"，**家庭中存在的问题一定不是一天内就形成的。**有人为此盲目强调父母的过错，我们认为是很不负责任的，把错误归结在父母身上也无法真正解决问题。这其中有社会环境的影响，有几代人甚至有传统文化的影响。我们相信，绝大多数的家长朋友，都是尽自己最大的努力，给孩子爱和保护，以自己能想到的最好方式尽着家长的职责，只是好心未必总能收获预期的良好效果而已。我们把这些特点总结出来，绝不是为了归咎于父母，而是帮助大家更清晰地、从更开阔的视角看到目前的状况，再有针对性地调整与改变，以期达到事半功倍的良好效果。

幸福家庭的方向：爱与自由的平衡

有的家长可能开始犯难，已经知道了这么多的"雷区"，然而从何处下手，为孩子营造能与游戏相抗衡的温暖环境呢？我们经过大量的观察与总结，认为对于孩子来说，家庭如果能满足他生命中最为重要的渴望，例如被爱、被欣赏、被接纳、有价值、归属、自由，他一定可以充满活力地生活，成为一个幸福而成功的人。如果再进一步凝缩，挑出父母能给孩子最好、最重要的，那我们愿意选择"爱"与"自由"。

我们这里讲的"爱",也更接近大家平常所说的爱,家长常常因为爱孩子,希望能了解他的全部,为他安排好所有的事,以消除他的烦恼;希望与他更为靠近,永不分离;希望他能与自己有更深的联结与更多的相似之处。而"自由",更多地表现为,希望能为自己做主,希望能走自己选的路,希望能有独立而不被打扰的空间,希望可以不受牵绊与束缚,毫无顾虑地成为自己想要成为的样子。这两者之间看似有太多的冲突,一个要在一起,一个要分离,难怪有人会讲:"所有的关系说到底,都是对爱与自由的斗争"。**孩子与父母的斗争,常常也表现在要么想得到多一点的爱,要么想得到多一点的自由,既想被关注,又不想被束缚。**就像冬天的刺猬或豪猪,离远了无法相互取暖,靠得太近了又扎得彼此鲜血直流。

有的父母以爱的名义,根据自己的人生经验,把孩子的生活安排得充实有序,总能在第一时间替孩子解决问题。或是完全以孩子为中心,总是做出过度牺牲。孩子要么会感到压力巨大,自由全无,就像一个傀儡,只是别人实现愿望的工具,经常体验到窒息般的痛苦;要么过度以自我为中心,完全不尊重父母,成为传说中的"白眼狼"。这是爱太多,自由过度被剥夺的结果。

有的父母忙于自己的工作,做起了甩手掌柜,极少关注孩子的需要,亲子时光少得可怜,对孩子的兴趣、爱好、日常生活细节了解很少,对孩子的需要也极少回应,孩子遇到困难的选择,也很少提供意见和支持。这难免让孩子有被忽视之感,也会越来越不重视自己的价值,产生自卑甚至自暴自弃的行为。这便是爱太少,"给的自由过了火"的代价。

在完整而健康的家庭关系里,爱与自由一定是平衡而统一的。最明智的父母,既会给足孩子深深的疼爱,对孩子有充分的信任,在关怀、肯定的同时,对孩子的错误也会包容,尊重孩子的选择,愿意给孩子一片自由的领域,让他没有后顾之忧地发展自己的个性,滋养自己的情怀。

第六节
"游戏成瘾"的治疗措施

对照上述诊断标准，家长们可以对孩子的网络游戏依赖状况有个初步的把握，但完全靠自行评估就给孩子贴上游戏成瘾的标签是万万不可取的。精神疾病诊断标准中每一条症状，有其不同的表现形式，需要医生结合专业治疗经验来确认。所以，如果家长怀疑孩子有成瘾倾向，一定要由专业的医生来确诊。真正达到成瘾水平的孩子，其学习和正常生活会受到非常严重的干扰，甚至可以用"崩溃"来形容。在一些治疗机构中，病症特别严重的孩子，常表现出营养不良等健康问题，经历过突然的体重暴涨或暴跌。很多时候他们情绪低落，有自杀倾向，或者社交焦虑到自闭的程度。部分患者平均每天玩游戏17~20小时，基本的饮食、睡眠都不能保证。

有研究发现，网络游戏成瘾的患者中，有近2/3的人存在"共病"现象，即同时患有其他精神疾病，常见的有焦虑症、抑郁症、躁狂、强迫症、心境障碍、应激相关的障碍、注意缺陷与多动障碍，更为严重的还会同时患有精神分裂症。所以，怀疑孩子患网络游戏成瘾时，一定要找专业的精神科进行筛查，确认是否有共患病，并排除其他精神疾病的可能。

有的游戏成瘾患者把游戏称为"完美毒品"，他们自己也承认"沉迷"都无法表达他们对游戏的依赖程度，他们的大脑仿佛都不听使唤了，这样的体验是很真实的。针对游戏成瘾已经有了大量的认知神经科学方面的研究，许多结果表明，网络游戏成瘾可能与物质依赖（如海洛因、可卡因成瘾）存在相同或相似的神经机制。网络游戏成瘾的学生看到常玩的游戏画面时，大脑所产生的反应非常像吸毒的人看到毒品画面的反应。如果强制中止他们玩游戏，大脑的反应也很像戒毒瘾的人。

游戏成瘾只是症状的表象，背后有着非常多复杂的生理、心理和社会因素。因此，治疗游戏成瘾，一定要从社会、心理、医疗等诸多方面采取综合措施。药物治疗加上心理行为治疗，同时还要鼓励患者积极参加体育运动，培养多种兴趣，扩大与其他同龄朋友的交往等。

其中，药物治疗通常只针对的是共病的情况，对于部分不玩游戏时会出现的焦虑、抑郁等症状，也可以合并使用少量抗焦虑或抑郁类药（注意！一定要遵医嘱，不要随意改变药量），药物治疗可以补充躯体素质上的不足，也能为心理治疗创造条件，必要时应住院采用综合治疗。

心理治疗的形式也有很多，针对孩子个体的行为矫正的方法，如系统脱敏、厌恶疗法、表象训练等，改变对游戏的积极体验；借助虚拟现实的方法，帮孩子在虚拟的场景中改掉不良行为，建立新的行为模式；运用正念技术，把注意力集中在体验身体、情绪、思想方面，从而缓解负面情绪，做出新的决定。还有团体治疗的方法，把8~12个受成瘾困扰的孩子们聚集在一起，在治疗师的引导下，借助团队的智慧和力量，协作进步，摆脱成瘾。因为家庭对孩子的影响巨大，而且戒除网瘾后，孩子通常会回到家庭当中，所以家庭治疗也是重要的干预形式，治疗师会从家庭互动、家庭功能等角度，帮助家庭成员共同理解孩子为什么会成瘾，以及如何改变。

孩子身体上对游戏的依赖很快就可以摆脱，通过一到两周就可以完成，心理上对游戏的"渴求"却需要更长的时间来化解。所以家长们要对孩子有足够的耐心，陪伴孩子一起度过这段艰难的时期。让孩子有机会及时获得社会的支持和帮助，积极参加有意义的社会活动，培养对社会、家庭的责任心，逐步建立信任的、和谐的、支持性的人际关系，彻底摆脱游戏成瘾。总的来说，游戏成瘾的治疗干预是一个系统的过程，在这个过程中，家长们一定要把握以下原则。

- **不要轻易给孩子贴成瘾标签**。家长觉得孩子对网络游戏依赖程度较重时，寻求治疗要找专业精神科或戒瘾机构，切不可病急乱投医。

- 预防为主，防治结合。家长越早有关注的意识，就能早发现、早预防、早治疗。早期可以以心理咨询或治疗为主，更加温和，易于被孩子接受。家长重引导，多配合，少用强制和暴力手段。

- 治疗时不只把重点放在孩子身上，而是整个家庭共同参与，改善孩子所处的家庭和学校环境，获得更加持久的改变效果。也不要要求孩子迅速改变，要遵循孩子改变的规律。

- 积极采用综合治疗手段，药物治疗与心理干预相结合，个体治疗、家庭治疗和团体治疗相结合，多学派整合干预。

第七章
做父母应有的智慧

　　导读：在上一章中，我们详细介绍了游戏和游戏成瘾，以及游戏如何吸引玩家，游戏成瘾家庭的特征等内容。读到这里，你会对游戏、孩子的心理需求、孩子为什么会游戏成瘾有了更加深入地了解，家长的教育方式也会有相应的调整和改变。在接下来的内容中，我们会概括地总结在教育孩子的过程中如何做有智慧的父母，让孩子远离游戏成瘾。

第一节
让孩子远离游戏的最好方法，是父母先放下手机

让孩子远离游戏的最好方法是父母先放下手机，因为对于孩子来说，父母是他们的模仿对象，父母要做好孩子的榜样，言传身教。半个世纪前，著名的心理学家班杜拉进行了一个著名的实验——"波波玩偶实验"。班杜拉及其同事成功地演示了儿童是如何学会攻击性的方式的。

实验选择了斯坦福大学幼儿园的小朋友，男女各一半，并且实验之前评估了他们的攻击性是大致相同的。实验过程先给小朋友们观看成人模特在一个房间中玩一套玩偶，小朋友被随机平均分成两组，其中一组看到的整个过程是成人在摆弄玩偶；而另一组看到的是成人猛烈攻击玩偶，他们会骑在玩偶上，猛击它的鼻子，拿着锤子击打它，并把它摔在地上狠狠地踢来踢去。随后孩子们被带到一个游戏室中，房间里有许多玩具，包括一些锤子等攻击性的物品，蜡笔、纸等非攻击性的物品，以及那个玩偶。孩

子们被单独留在房间里,实验者在单向玻璃外观察孩子的行为。结果发现,那些观看成人攻击行为的孩子,在自己玩耍的时候表现出更多的攻击性。这个实验给我们的启示是,孩子能够非常快速地学习和模仿成人的行为。

不仅仅是攻击性的行为,让我们想想身边的孩子们,他们的一言一行是不是都非常得像他们的父母。孩子的学习和模仿能力是远超我们想象的,让孩子保持积极健康的生活习惯和方式,最好的办法并不是语言上的教导和规定,更重要的是父母自己保持这样的生活方式。所以,让孩子不要沉迷游戏、不要终日抱着手机或iPad不放手,父母自己首先要做到这一点。

父母手机不离手,或者父母自己也玩游戏,这给孩子传递了很多信号:一是手机很有趣或游戏很好玩;二是手机或游戏比我重要,因为父母和他们在一起的时间和比我在一起的时间更多;三是手机或游戏是放松的方式等。如果你希望孩子有一个好的生活习惯、健康的生活方式,你就需要做给孩子看,孩子自然而然就学会了。

这里有一些建议,曾经有一个同行分享过他们家的一些经验:在家里不用手机,尽可能多地陪孩子玩,即使孩子不在家规则也一样,这样人和人之间就有更多的时间互动和相处。但规定也没那么死板和不人性，如果有事情要用手机，这个时候他就会给孩子或者妻子讲，爸爸因为工作要用手机，先不陪你玩。孩子从这个过程中可以学习到从与人玩的过程中来获得快乐，如果人本身就好玩，孩子是不会选择游戏的，同时也学到如何去度过自己的闲暇时光。

其实父母的榜样作用并非只局限于使用手机或者玩游戏上面，还体现在生活中的方方面面，如对自己的接纳、情绪管理能力、冲突解决能力、自我管理能力等。你希望你的孩子成为什么样的人，那么你自己就先成为什么样的人，孩子就可以自然而然向你学习了。

第二节
父母给孩子最好的礼物,是幸福的婚姻

如果问父母最希望孩子怎样,99%的父母都会回答希望孩子**幸福**。那究竟如何才能让孩子幸福呢?

如果想让孩子幸福,那么你给孩子最好的礼物就是幸福的婚姻,或者说先做好幸福的自己。但中国父母往往会把这个关系弄反——只有孩子幸福了,我才幸福,只要孩子幸福,牺牲自己也无所谓。

在中国,这样的父母很多,他们把大部分的精力都放在孩子身上,很少有夫妻相处的时间。有一个朋友为了让孩子上好的学校,买了学区房,放着130平方米的房子不住,一家5口人挤在40平方米的小房子里。哪怕自己节衣缩食,也要给孩子报各种各样的辅导班、兴趣班,目的就是不让孩子输在起跑线上。有的父母甚至还会做出更大的牺牲,这种牺牲也伴随着父母对孩子的期待"我这一切都是为了你好,不能辜负父母"。当孩子达不到父

母的要求时就会心生愧疚，但如果孩子是因为愧疚才去做一件事情，那就离幸福越来越远了。

心理学家萨尔瓦多·米纽秦（Salvador Minuchin）认为，家庭最为核心的关系其实是夫妻关系，它是一个家庭最初组成的理由，也可能成为这个家庭发展、成长和最终分离的原因。可是，当我们的家庭有了孩子的时候，家长常常把亲子关系看得比夫妻关系更为重要，甚至有很多貌合神离的夫妻会"为了孩子"而坚持婚姻，不分开却也不努力去改善夫妻关系，让夫妻间的各种冷热暴力出现在家庭中，展现在孩子面前。他们以为孩子还小，不懂婚姻，可是实际上，"即使不说，你的孩子也知道。"

父母给孩子最好的礼物，是幸福的婚姻。 在幸福婚姻中成长起来的孩子，从小就见证着幸福的生活方式。幸福的生活方式意味着夫妻之间有比较好的沟通，例如，如何表达自己，如何管理自己的情绪，如何在冲突过程中协商和妥协，以及如何解决各种各样的问题等。孩子十分善于模仿和学习，当父母在生活中用一举一动表现幸福时，孩子就学会了如何创造幸福；父母在相互沟通中有良好的交流模式时，孩子就学会了如何向他人表达自己的观点和情绪。这些资源都是在学校的学习中学不到的，就好像孩子并不需要刻意地去学或者追寻幸福，它会扎根在内心深处

——像父母那样做就会获得幸福。

随之而来的一个问题就是,不是我想要有幸福的婚姻就一定有,遇到婚姻破裂时,父母该如何做?

如果婚姻走到了离婚这一步,请记住,离婚并不可怕,勉强维持表面的和平而选择欺骗孩子,才更可怕。如果你是孩子,你是希望生活在一个每天都充斥着争吵的家庭中?还是更希望看到父母彼此追寻幸福去建立自己的家庭?相信很多人都愿意选择后者。所以即使离婚,**如果父母能保持自己追求幸福的能力也是给孩子最好的礼物**。这会让孩子学习到,即使分开,人也可以拥有幸福的能力。

在咨询中经常会遇到父母争夺孩子的情况,因为自己和对方的爱恨情仇,也希望孩子不理对方,这种方式是最不可取的。这种离婚往往会给孩子带来创伤,其中的一些人长大成人之后会对亲密关系感到恐惧,害怕走进婚姻,甚至无法和异性正常交往。**所以,即使离婚,也不能剥夺对方作为父母爱孩子的权力**。父母的分开是父母自己的问题,而父母双方依然对孩子保持同样的关注和爱护,这样的离婚对孩子的伤害最小,同时也让孩子学习到如何平静地分离。

第三节
好爸爸，能和孩子一起疯

在中国的家庭中，男主外、女主内的家庭模式非常常见，爸爸更多承担挣钱养家的责任，妈妈更多承担家务和教育孩子的责任。这样的模式导致妈妈和孩子的关系非常紧密，而爸爸和孩子的接触较少，和孩子的关系比较疏离。在传统的中国家庭，爸爸是权威的，让人难以靠近。但是现在越来越多的爸爸正在改变，他们更多地参与孩子的教育，也有更多的时间陪伴孩子。在孩子的成长历程中，爸爸的陪伴和参与非常重要，爸爸的作用不仅仅是养家糊口，还直接影响了孩子的心理发展。

在咨询中我们发现，在一个和妈妈关系比较紧密，和爸爸关系比较疏离的家庭中成长起来的孩子，如果是男孩，会发展出来比较细腻和温柔的部分，胆子比较小，而比较男性、比较阳刚、勇气的部分会发展较少；如果是女孩，有可能会缺乏来自异性的认同，因此有女性价值感的部分会比较少，不敢和异性接触，甚至会怀疑自己不被男孩子所喜欢。**孩子不仅需要妈妈的模板,也需要爸爸的模板,这些对孩子的个性发展来说都是宝贵的财富。**

蒙特利尔大学的丹尼尔·帕克特(Daniel Paquette)认为,爸爸和孩子之间存在一种"激活"的依恋关系。与妈妈和孩子的关系不同,妈妈更多地是在孩子哭闹和情绪发泄的时候抚慰并使孩子平静下来,所以妈妈的情绪稳定对孩子很重要。而爸爸和孩子的关系更注重刺激和唤起孩子的情绪,例如,唤起孩子对这个世界的好奇心,超越自我、勇敢面对危险和对抗压力的能力,以及在陌生环境中无所畏惧、独立生存的能力。从这个角度来说,爸爸需要在和孩子的关系中引导孩子去探索世界、认识世界、融入周围的环境。

爸爸与孩子之间这种"激活"依恋关系的形成,主要方式是通过游戏。研究者的调查发现,爸爸与孩子的互动中,有75%的时间用于和孩子游戏性的互动上,仅有25%的时间用于对孩子照料的互动上。而在游戏的过程中,妈妈与孩子的游戏更多地是认知游戏,爸爸和孩子之间建立起链接最好的方式是高频次的身体游戏,这是爸爸能够带给孩子独特的地方。通过身体表达的"打闹游戏"被证明是能够有效提高孩子责任心、自信心和竞争力的一种游戏方式,这特别体现在父子关系中。

爸爸通过游戏的方式陪伴孩子,与孩子一同成长。在这个过程中，爸爸有一股强大的力量保护着孩子，让孩子在自由玩耍和游戏中获得安全感与掌控感。在频繁的身体游戏中，如果孩子独自玩耍是很容易受到伤害的，这个时候爸爸的参与和保护就起到了很重要的作用。在游戏中保驾护航使得孩子能够健康、安全地进行游戏，在游戏中学习到责任与自主。

在孩子上学前期，爸爸和孩子之间的互动和游戏，能够有效帮助孩子上学后在同伴的关系中有良好的表现。特别是当同伴之间竞争压力很大、冲突出现时，孩子处理和应对这种竞争和压力的能力会更强。孩子和妈妈的关系更加直接与无条件，那种依恋与联系似乎是刻在身体里的，无须学习和努力就可获得，而孩子与爸爸的关系就与之不同。父爱常常是有一些条件的，代表着一种社会性的关系，需要孩子去努力和学习，掌握一些和人相处的规则。**所以爸爸的陪伴让孩子学会如何和他人相处，如何在竞争与合作的关系里保持自尊和自主。**建立良好规则，言出必行的爸爸能够成为孩子正面的榜样，培养出自律、自强的孩子。

这是爸爸在孩子的社会心理发展中的重要作用。从这个角度来看，好爸爸能够放下自己权威的架子，陪孩子一起游戏一起疯，和孩子在游戏中探索世界、陪伴孩子成长，孩子就会更少去玩电子游戏，最终孩子能成为一个社会化的成熟个体。

第四节
好妈妈，能管理自己的情绪

与爸爸的"激活"作用不同，妈妈在孩子情绪冲动时起到安抚和平静的作用。有研究表明孩子成长过程中的情绪调节和情绪问题更多的和母子关系有关，孩子能否良好地应对成长中的烦恼，有效地调节自身情绪，很大程度上取决于是否有一个温柔的妈妈。换句话说，爸爸让孩子学会如何向外生长，妈妈让孩子学会如何向内修炼心灵。

在我们的咨询经验中，有很多例子印证着这个观点。我们见过一些有严重心理问题的学生，陪同来的家长大部分都是妈妈，而这些妈妈大部分都呈现出一个状态——焦虑，非常的焦虑，我的孩子该怎么办？他接下来的学习怎么办？当学生的妈妈是个焦虑的妈妈时，无一例外，学生都不希望自己的问题让妈妈知道，因为他们担心妈妈知道后事情会变得更加糟糕、更加失控、更加难以面对。无论多小的孩子都会学到这一点，比如，孩子有困难了，如果让妈妈知道了，妈妈就开始焦虑、开始歇斯底里，下一次孩子一定不敢再让妈妈知道自己的困难，这对家长来说就失去了对孩子表示支持和进行引导的机会。对孩子来说情绪不稳定的妈妈会让自己特别没有安全感，容易焦虑，不能信任这个世界。**而玩游戏的一个非常大的作用就是可以应对不良情绪，当一个人烦躁、焦虑、愤怒的时候，玩游戏会让人暂时忘却这些烦恼，而获得一些快乐。**所以当孩子面临一些情绪问题时，有时就会转向游戏。

我们在生活中都会有一个印象，性格暴躁的妈妈往往容易养育出"熊孩子"，这些孩子行为冲动，不受控制，情绪起伏巨大，时而大哭大闹，时而欢欣鼓舞、活蹦乱跳。这就是源于妈妈自身的情绪管理能力不足，从而无法管理好孩子的情绪。从这个角度看，做一个好妈妈，首先要能够管理好自己的情绪，不把自身的负面情绪传递给孩子。

年幼孩子的情绪理解能力不如成人，他们或许难以站在妈妈的角度去思考妈妈为什么会发火，妈妈为什么会怒吼。有时候其实妈妈也不能完全理解自己情绪的来源，把不该撒在孩子身上的气撒在孩子身上，无辜的孩子就更加不知所措了。美国心理学家塞利格曼1967年做了一个经典的动物研究实验，他将狗关在笼子里，只要铃声一响，就给以电击，让狗十分难受，关在笼子里的狗没有任何办法去逃避这种难受的感觉。在多次重复这个过程之后，铃声一响，在电击之前打开笼子，此时狗也不会跑出来，而是倒在地上发出呻吟的声音，并强烈颤抖。塞利格曼把这种现象叫作"习得性无助"，狗本来可以逃脱这种痛苦，却因为多次逃脱失败，放弃了可以逃跑的机会。那些无辜的孩子在面对常常脾气暴躁的妈妈时也可能会有这样的结局，他们可能想要用好的表现来让父母对自己表示满意。可是当妈妈的情绪不完全来自孩子的表现，而又常常把自己的情绪撒在孩子身上时，孩子就可能习得性无助，觉得不论如何都无法得到一个温暖而包容的妈妈。这会让孩子自暴自弃，成为一个自卑而敏感的人。在将来遭遇到人生种种挑战和困难时，无法迎难而上，而是在一切还没有开始时就宣告自己会失败。因为失败"经验"是他们无法接受的，他们觉得有一个脾气暴躁的妈妈会再次出现，这种情境是令人恐惧与害怕的，就像被电击的狗一样，多次逃跑都失败了，那么放弃逃跑可能就不会有失败的结果了。

　　小贝的妈妈是一名职场白领，平日工作并不轻松，每天早上9点上班，常常要到6点才能下班。每日的生活都是早上7点开始，洗漱完之后就给一家人做好早餐，然后叫醒仍然熟睡的孩子和丈夫。一家人吃完饭，爸爸负责送小贝上学，而妈妈把早上剩下的食物收拾干净后匆匆赶去上班。妈妈每天下班回家还要给全家做饭，吃完饭还要洗衣服，一切都匆匆忙忙完，已经到了晚上9点多。妈妈浑身疲惫，往沙发上一躺。看到爸爸已经回到书房看自己的电脑，而小贝吃着零食看着电视。妈妈内心的委屈和怒火瞬间爆发出来，把小贝的零食往地上一撒，破口大骂起来，指责7岁儿子好吃懒做，不好好学习，过去的旧账一遍遍翻出来。刚刚还看着电视的小贝，被这突如其来的暴风雨惊呆了，他吓得哭了起来。爸爸这个时候跑了出来，开始打圆场。妈妈不依不饶，开始把矛头指向爸爸，两个人愈吵愈烈，甚至到了快要动手的地步。在一旁抽泣的小贝害怕极了，同时也非常内疚，觉得要不是自己9点半了还在吃零食，可能这个家就不会变成这个样子。

　　航航的妈妈也同样是职场白领，在公司的职能部门做着细碎烦琐的工作。在航航6岁前，爸爸也从来不怎么分担家里的家务事，这让妈妈非常恼火和愤怒。有好几次，她都差点大闹一番，甚至有几次她已策划着离家出走的计划。一个偶然的机会，航航妈妈接触到了一个夫妻沟通的成长团体，参加这个团体中的都是女性，对丈夫有着这样那样的抱怨和不满，她看到每个家庭都各自有着不同的烦恼，也从别人身上学习到了好多改善夫妻关系的方法。从团体的带队老师那里，她学习到一个新的模式叫"非暴力沟通"。这天她回到家，直接把老公单独拉到书房，打算和他谈谈，她倾诉了自己积压的糟糕感受，告诉丈夫她为这个家付出感觉到很累，也希望有一个强大的肩膀能够靠一靠，希望老公能够分担她的压力和负担，她很需要这种关爱和照顾。丈夫这才意识到，原来这些年忽视了爱人如此多的辛苦和负面感受，他答应妻子以后多为这个家付出一些，每天做一些自己力所能及的事情帮助她。夫妻之间的积怨，就在夫妻之间的沟通过程中解决了。航航没有感受到有什么糟糕的事情发生过，他一如既往地觉得妈妈是温柔可爱、充满活力和包容自己的。

面对夫妻关系中产生的负面情绪，妈妈最好将这种情绪保留在夫妻关系中，在面对丈夫时去合理表达自己的情绪和需要，让丈夫承担抚慰妻子情绪的责任，而不能让孩子承担这份责任。当这种情绪很难在夫妻关系中完全消化时，可以利用自身的社会支持系统，向外去寻求发泄和调节情绪的渠道。当面对孩子时，好妈妈不应该总是情绪暴躁和无法控制，而是先照顾好自己、稳定好自己的情绪，再去关注孩子成长过程中的需要。

第五节
如何提高爱的质量

盖瑞·查普曼（Gary Chapman）在其畅销书《爱的五种语言》中总结了人们在亲密关系中表达和接受爱的时候所运用的五种传递方式，其实，爱情中的这些表达在对孩子的爱中依然适用，分别阐述如下。

（1）肯定的言辞——发掘并在言辞中肯定对方所做的事情

心理学家詹姆斯曾说，人类最深处的需要是被人欣赏。当人们在亲密关系中给对方以欣赏和肯定时，会激发对方无限的潜力。在面对孩子时同样如此，**父母多表达对孩子的肯定和鼓励，会让孩子探索世界、了解世界时更加积极、勇敢和主动。**

行为主义心理学家斯金纳提出行为塑造的原则——强化和惩罚。当一个行为能够得到想要的结果时，这个行为就被强化了；而得到了不想要的结果时，这个行为就被惩罚了。在教育孩子的过程中，父母常常也会运用这两种方式，一方面父母会表扬和奖励孩子好的表现；另一方面孩子出现不良行为时，父母会对孩子生气，动辄打骂孩子。斯金纳通过实验发现，往往强化会对行为习惯形成更有效率，而惩罚对行为习惯的消退并不那么有效。也就是说，父母的打骂和惩罚并不是最佳的教育方式。**当孩子出现不良行为的时候，更好的方式是表扬和鼓励孩子相反的行为，忽视和忽略孩子不良的表现**。这也从科学实验的角度验证了，肯定的言辞在教养孩子的过程中是更好的爱的表达。

（2）精心时刻——付出你个人时间，一起去散个步，共度周末

什么是精心时刻？——给予对方全部的注意力，而不是人在心不在的状态。阳阳在家的时候，通常家里的场景是这样的：阳阳在写作业，妈妈在客厅沙发上看手机，爸爸在书房用电脑，姥姥在看电视，姥爷在平板电脑上斗地主，有时候虽然全家人在一起，但是并没有什么交流，都在做自己的事情。面对孩子时，父母也会如此，可能周末陪孩子一起玩拼图的时候脑子里想的是周一开会的内容，孩子告诉自己一个幼儿园发生的事情，父母左耳朵进、右耳朵出，就记住了几个名字，发生了什么也没有注意到。

这是人之常情，新异的刺激总是更容易引起注意，而人们对于熟悉的事物则会渐渐失去兴趣。但是当我们发现"精心时刻"

对彼此很重要，那份最初的爱的表达是那么震撼内心时，我们应该努力在因熟悉而失去关注后，有意识地去创造彼此间的"精心时刻"。给孩子一个"全神贯注"的陪伴的周末，在这个陪伴中，不论进行什么活动，仔细关注孩子，带着他第一天出生时我们的心情和好奇心，就像一个新的生命来到自己身边一样去好奇、去关注、去发现。

(3)接受礼物——能够表达出"正在想我"的礼物

礼物是爱的视觉象征。视觉象征很重要，因为它会提醒我们，对方"还爱着我"。它作为一种提示物，象征意义往往比实际作用更多。我们时常需要一些提示，让自己知道这个家里是充满爱意的。事实上，准备礼物是非常容易学习的爱的语言，我们每个人都可以做到。比如平时留意孩子的喜好，生日的时候给孩子准备礼物，或者过节的时候给孩子准备礼物，或者一起制作礼物，都是不错的方式。

(4)服务的行动——为对方做一点事，任何一件你觉得对他而言意义重大的事

为对方做一件能够使他高兴的事，对他来说意义重大的事情，是一种爱的表达。在大部分的家庭中，父母为孩子做的事情是比较多的，这个部分也是满足孩子的需要比较好的，有的家庭甚至可以减少服务这个部分，可以增加其他部分，比如，精心时刻。

(5)身体的接触——亲吻、拥抱、拍背、握手等

肢体接触是人类感情沟通的一种微妙方式，也是爱的表达的有力工具。这不仅仅限于夫妻之间，亲子之间的接触也非常重要。让我们想想自己，有多久没有和父母拥抱了？与父母身体上的接触对我们来说是一件困难的事情吗？我们是否还记得父母和我们身体接触时的感受？

我们都知道，婴儿需要妈妈的怀抱和抚摸。心理学家哈洛曾在灵长类动物的实验中验证：小猴子对妈妈的依恋并不是因为有奶吃，而是是否有温暖和柔软的接触。哈洛在实验中用两个代理妈妈来代替刚出生不久的小猴子的养育者，一个是用软布做成的妈妈，但它没有奶瓶；另一个是用金属丝做成的妈妈，带着奶瓶。哈洛通过观察发现，小猴子们在金属猴妈妈那吃完奶之后，都紧紧围绕和抱紧软布猴妈妈。当小猴子在外面玩耍时，哈洛用水枪喷射它，小猴子受到了惊吓，惊慌失措，此时它跑到了软布猴妈妈的身边，躲在它的身后，紧紧抱着它。这种对于温暖、柔软的抚摸和怀抱是我们灵长类动物与生俱来的需要，这种需要和我们的生存和发展有关。特别是当幼小无力的孩子被外部世界惊吓时，一个柔软的怀抱对他们来说就是安全感的来源。随着孩子的成长，我们可能渐渐忘记了这最本能的需要。

所以，**身体接触传递的是父母对孩子最有力的爱**，它表现了孩子能够从父母身上获得安全感，得到最有力的保护和照顾，从而孩子能够有力量和勇气去探索世界，特别是在孩子遭受到外界的压力和打击时，这种保护尤其珍贵。

父母爱孩子体现在方方面面，不让孩子吃零食是爱，给孩子报各种各样的课外班是爱，和孩子一起郊游是爱，有时候打孩子也是一种爱。但是，在孩子那里，并不一定能体会到父母传递的这种爱，有时候孩子需要一种爱，而父母却给了另一种爱，孩子不仅感受不到爱，反而感受到的是压力或者是控制。如何给孩子高质量的爱呢？又如何让孩子能感受到父母的爱呢？这一切的答案都在孩子身上，父母切忌太主观和太机械，照本宣科地去爱孩子，每个孩子都是独特的，适合孩子的爱也会不同。**父母要会观察孩子，适合孩子的爱才是高质量的爱。**

第六节
学会放手,给孩子自由成长的空间

孩子的成长和一颗大树的成长一样,不仅仅需要阳光、水分、土壤、空气等,还需要空间。《我是演说家》中有一期有位演讲者所做的一次演讲题为《门》,讲述了演讲者从小生活在10平方米的没有门的单间中,她很期待有自己的一个房间,那样就可以阻挡住父母争吵的声音,能够阻挡住父母对自己的窥探。后来搬家之后,她实现了愿望,有了自己的空间。或许我们小时候也有过没有门的家庭生活,一家人的全部生活都展露出来,在这样的条件下成长起来的我们,可能更加能够理解孩子对自主的空间需要。

在埃里克森的自我发展理论中,1岁半的孩子所面对的矛盾是自主与羞怯,这个时期的孩子开始掌握大量的动作,如爬、走、说话等,他们开始学会用"意志力"决定做什么或不做什么。此时父母如果依然把孩子看作怀抱里的婴儿,对婴儿的行为进行严格的控制，会削弱他们的自主感和自我控制能力，从而产生自我怀疑，并感到羞怯。在孩子3~6岁的阶段，孩子面对的矛盾是主动与内疚感，孩子进一步对世界产生好奇心，这个阶段孩子会有很多天马行空的问题，常常问父母"为什么"。如果孩子的主动探索行为得到了父母的鼓励，他们就能够形成主动性，将来更可能成为一个有责任、有创造力的人。可是如果父母对孩子的天马行空看作"乱来"，严格地制定规则规范，不讲理由地控制孩子的行为，他们会逐渐失去信心。从这个角度看，孩子早期的成长中，离不开的一个话题就是在行动与行为上的"自主与自由"，父母需要在此时尊重和鼓励孩子在行动上的自主和独立。

青春期的孩子所面临的挑战是自我同一性和角色混乱。此时的孩子已经步入中学，同伴之间的关系逐渐比亲子关系更加重要，这标志着社会化的任务从此开始。青少年面对社会要求和社会冲突时感到困惑和混乱，他们会非常在意他人眼中的自己，希望自己能够给人一个好的印象。他人的尊重对这个阶段的孩子来说非常重要，他们希望自己人格上更加独立，能自主做出选择和判断。此时，父母需要调整自己的角色，有选择地退出，在探讨、商量中和孩子共同决定他们自己的事情。

自主与自由对孩子的成长来说是非常重要的。7岁以下的儿童如果不能在行动和行为上获得自主与自由，那么随着孩子逐渐成长，他的生活自理能力就会非常差，一直是一个饭来张口、衣来伸手的状态。我们可以想象一个7岁的孩子这样还能够接受，但是如果25岁时，孩子依然这样，那可能就会成为一个问题。另一个问题在于，在行为和行动上获得自主与自由关系到一个人对于自己选择和决定的掌控感。**如果幼年时我们的任何事情都由父母代劳，很可能会让我们在今后面临自主选择时依旧依赖父母。**但选择带来的后果只能是自己承担的，某些时候我们可能会抱怨父母，抱怨他人替自己选择的人生，在发现当下的问题和痛苦时却无法在行动上进行改变，成为一个怨天尤人的人。

青春期的孩子如果不能在社会化的过程中获得自由和自主，他们将无法建立自己的关系，包括今后人生中的普通人际关系和亲密关系。我们常常在婚姻问题中听到一个词叫"妈宝男"，有些妻子会很烦自己的老公特别"妈宝"，婚姻中的许多问题还要去向妈妈汇报，听从妈妈的意见，没有一点自己的主见。曾经见过一对夫妻，妻子抱怨和丈夫不够亲密，其中妻子举到一个例子：丈夫去哪儿出差、办事，第一个知道的永远是婆婆，丈夫会给婆婆汇报自己的行踪，而觉得不一定要让自己的妻子知道。这种婚姻总会出现一些问题，让妻子觉得好像不是在和一个成熟的人恋爱和生活。所以,在成人后能够建立健康平等的成年人之间的关系,需要在青春期时就开始在社会化的道路上获得自由和自主。

自由并不是无限制的放纵,有时候作为父母会有很多担忧,害怕给孩子自由,他们就会散漫和不受拘束。其实,自由是让孩子在自主选择的同时承担责任,为这件事情可能出现的后果有所担当。**作为父母,在孩子做出选择的时候是有必要提醒和做出引导的,告诉孩子这些选择背后可能的结果和方向。**在孩子做出一些危险的选择时,告诉他们这样做是危险的。同时也有必要建立一些基本的规则规范,让孩子能够在一条健康和向上的道路上去选择自己的方向。

给予自由也意味着给予了孩子信任,这会让孩子感受到,父母是相信自己有独立做出选择的能力的。这会使得孩子在成长过程中对自我的判断和选择越来越自信,他们也更容易信任他人,相信别人的建议是善意的提醒,而不是恶意的控制和阻挠。

如果一个人从来都不能做自己,一切都是听从父母的安排,小时候这个孩子可能会表现得很乖、很听话,但长大后会怎么样?有的孩子完全放弃了自己,成为"妈宝",对妈妈非常依赖,永远都长不大,即使结了婚,也没办法承担起妻子或丈夫或者是父母的责任，完全不能为自己负责任；有一部分孩子选择叛逆，他们谁的话都不听，有很强烈的反抗性；有的人就会选择玩游戏，通过玩游戏来证明——我还活着，我要做我自己，我不想成为别人眼中的"好孩子"；还有的孩子则非常迷茫，就像北京大学徐凯文老师所说的"空心病"，他们不知道自己是谁，不知道自己要去哪里，不知道生活的意义是什么。

所以，如果你希望自己的孩子能够健康成长，就要给予孩子成长的空间，让他们成长为他们自己想要的样子，而不是你想要的样子。正中纪伯伦的诗中写的那样——

你们的孩子，都不是你们的孩子

乃是生命为自己所渴望的儿女

他们是借你们而来，却不是从你们而来

他们虽和你们同在，却不属于你们

你们可以给他们爱，却不可以给他们思想

因为他们有自己的思想……

第七节
走出教育误区：别让过度比较伤害了孩子

在飞机上，两个大人带着两个小孩在找座位号，11a，12a，3岁的飞飞一下子就认出了座位上方的数字和字母，而5岁的瑶瑶却一脸茫然，瑶瑶妈妈瞪了瑶瑶一眼并说道："你看人家弟弟都找到了，你还找不到！"瑶瑶"哇"的一下子就哭了。有的父母和瑶瑶的妈妈一样，从很小就置孩子于各种比较之中。甚至有的父母从孩子一出生，就带有这样的比较：为什么别的小孩会翻身了，我们家孩子还不会？别的孩子都会说话了，为什么我们家孩子还不会？如果自己的孩子学到了什么新技能，恨不得马上和周围的父母分享。每个阶段似乎都有很多东西可以比较，孩子长大后："你看看人家谁谁谁，学习多自觉啊，不像你就知道玩！""我同事的儿子考上重点中学了，你怎么就那么不争气呢？""谁谁谁出国了，你将来什么打算啊？"似乎从比较中父母可以了解到我的孩子是否正常？我的孩子是否优秀？

有时候父母的比较会让孩子纳闷：为什么我不是别人家的孩子？为什么别人家的孩子都那么优秀、那么完美，偏偏我这么差劲？有的孩子在比较中成长，有的孩子在比较中反抗，有的孩子则在比较中自暴自弃。

而有的父母则走另一个极端，无论孩子说什么、做什么都夸奖孩子，在这些父母的心中，只有自己的孩子是最好的，而这类孩子在接触社会前，通常生活在父母营造的理想氛围中，到了社会上却"适应不良"。那到底父母要怎么做呢？比还是不比？怎么比？

比较，对于父母来说是很自然的事情，对于人来说也是很自然的事情，因为比较是人了解自己的一个重要的途径，比较本身比较没有错。在回答上面的问题前，我们先来了解一下人是如何了解自己，如何建立自我认知，父母的反馈对孩子有哪些影响。

一般来说，人们了解自己有三个来源：物理世界、社会世界和内部心理世界。物理世界为我们了解自己提供了方法和途径，如一个人的身高、体重和喜欢吃什么，都可以通过外在的物理世界来了解。

想要知道自己在社会中是什么样子，必须通过社会世界来了解自己，这包括了社会比较和他人的评价。

每个人几乎都会进行社会比较，即将自己的某些特点与别人进行比较，并由此对自己的这个特点进行判断，比如，一个人的英语考试考了90分，只通过分数并不能让他知道自己考得好还是不好，还要通过和他人的比较，看别人都考多少分才能做出判断。一个人想要知道自己真正是什么样，就少不了与别人进行比较。

人们认识自我的另一个方式是他人的评价，即通过观察他人对自己的反应来认识自己，如你的孩子组织一个活动，得到了老师的表扬，同时很多同学也积极踊跃地参加，他就可以从这些反应中了解到自己成功地举办了这个活动，自己具有一定的组织能力。

内部心理世界对自我的认识主要是通过内省来进行的。内省是个体认识自我的一个常见方式，它指向个体内部来寻求答案，直接考虑个体的态度、情感和动机。一个人想要知道自己是不是喜欢吃香蕉，他可以通过内省来发现，如他是不是想吃香蕉，吃香蕉的感觉怎么样等，如果他非常想吃香蕉（动机），吃香蕉的时候觉得很满足、很开心（情感），那就可以得出他喜欢吃香蕉的结论。

现在再来回答上面的问题，可以和别人比较吗？答案是肯定的，如果不与别人比较，一个人就不会知道自己在社会中所处的位置。怎么比呢？谁是合适的比较对象？在大部分情况下，与我们相似的人进行比较时获得的信息是最可靠的。所以，可以和孩子的同龄人，或者和孩子比较相似的、相近的人进行比较，对于孩子来说可以获得更多的信心。如果你的孩子成绩中等，最好不要拿他和成绩名列前茅的人比较，这样会让孩子对自己失去信心。

另外，还需要注意的是端正"比较"的动机，在比较的过程中，父母最重要的目的是帮助孩子去探索和了解自己，而不是责备孩子。所以比较也要全面，千万不要拿孩子的短处去比别人的长处。同时，**父母对孩子的反馈也会影响到孩子的自信心，建议父母在反馈的时候要更加全面，孩子做得好的和做得不好的都说，而不是只偏颇一个方面**。最后，父母还可以引导孩子去"倾听自己的声音"，尊重自己的节奏，做事情不能只看着别人做就跟着做，别人快就嫌自己慢，还要看看自己的体验，自己的想法，当父母开始去倾听孩子的声音、尊重孩子的节奏时，孩子便会听到自己的声音、尊重自己的节奏。

附录：参考文献

[1] 盖瑞•查普曼. 爱的五种语言[M]: 1版. 王云良, 译. 江西: 江西人民出版社. 2010.

[2] 理查德•格里格, 菲利普•津巴多. 心理学与生活[M]: 16版. 王垒, 王甦, 朱莹, 等, 译. 北京: 人民邮电出版社. 2003.

[3] 林崇德. 发展心理学[M]: 2版. 北京: 人民教育出版社. 2009.

[4] 乔纳森•布朗, 玛格丽特•布朗. 自我[M]: 1版. 王伟平, 陈浩莺, 译. 北京: 人民邮电出版社. 2015.

[5] 萨瓦尔多•米纽秦. 大师的手艺与绝活: 米纽秦家庭治疗精髓[M]: 1版. 曾林, 译. 上海: 华东师范大学出版社. 2016.

[6] 史蒂文•约翰逊. 坏事变好事: 大众文化让我们变得更聪明[M]: 1版. 苑爱玲, 译. 北京: 中信出版社. 2006.

[7] 金伯莉•S•扬, 克里斯蒂亚诺•纳布科•德. 网瘾评估治疗手册[M]: 1版. 郑维廉, 边馨, 王玉霞, 等, 译. 上海: 上海教育出版社. 2014.

[8] 高利兵. 中学生厌学的归因与矫治[J]. 教育科学研究. 2004(7).

[9] 郭娅. 缓解中小学生厌学情绪的对策[J]. 教育评论. 2000(1).

[10] Lamb, M. E. (Ed.). The role of the father in child development[M]: 4th ed. Hoboken. NJ: John Wiley. 2004.

[11] James Paul Gee. Good Video Games and Good Learning: Collected Essays on Video Games. Learning and Literacy[M]: 2nd ed. (New Literacies and Digital Epistemologies). Peter Lang Inc. International Academic Publishers. 2013.

[12] Marc Prensky. Digital game-based learning[M]. Marc Prensky. Computers in Entertainment. New York. 2003.

[13] Marc Prensky. Don't Bother Me Mom--I'm Learning[M]. Paragon House Publishers. New York. 2006.

[14] American Psychiatric Association. Diagnostic and statistical manual of mental disorders: DSM-5™[M]: 5th ed. American Psychiatric Association.2013.

[15] Paquette. D. Theorizing the father-child relationship: mechanisms and developmental outcomes[J]. Human Development. 2004.47(4).

[16] 中国互联网络信息中心.2015年中国青少年上网行为研究报告[R]. http://www.cnnic.net.cn/hlwfzyj/hlwxzbg/qsnbg/201608/P020160812393489128332.pdf. 2016.8.

[17] 张兰君.团体心理治疗和体育运动处方对大学生网络成瘾的干预[J].心理科学.2009(3).

[18] 刘勤学.青少年网络成瘾：亲子互动和需求满足的作用及家庭团体干预.北京师范大学博士学位论文. 2011.

[19] 杨容,邵智,郑涌.中学生网络成瘾症的综合干预[J].中国心理卫生杂志.2005.19(7).

[20] 杨放如，郝伟.52例网络成瘾青少年心理社会综合干预的疗效观察.中国临床心理学杂志. 2005.13(3).

[21] 周丽，蒙华庆，邱海棠，郑玉萍.大学生网络成瘾与家庭满意度的关系研究[J].重庆医科大学学报.2008.33(4).

[22] Grant,J.E.,Potenza,M.N.,Weinstein,A.,et al.Introduction to behavioral addictions[J]. The American journal of drug and alcohol abuse.2010.36(5).

[23] Kim,J.The effect of a r/t group counseling program on the internet addiction level and self-esteem of internet addiction university students[J]. International Journal of Reality Therapy.2008. 27(2).

[24] Yen,J.,Yen,C.,Chen,C.,et al.Family factors of internet addiction and substance use experience in Taiwanese adolescents[J]. CyberPsychology and Behavior. 2007. 10(3).

[25] Lin,C.,Lin,S.,Wu,C..The effects of parental monitoring and leisure boredom on adolescents' Internet addiction[J]. Adolescence. 2009.44(176).

[26] Han,D.H.,Kim,Y.S.,Lee,Y.S.,et al.Changes in cue-induced, prefrontal cortex activity with video-game play[J]. Cyberpsychology, Behavior, and Social Networking.2010.13(6).

[27] Shek,D.T.,Tang,V.M.,Lo,C.Y..Evaluation of an Internet addiction treatment program for Chinese adolescents in Hong Kong[J]. Adolescence. 2009. 44(174).

[28] Du,Y., Jiang,W.,Vance,A. Longer term effect of randomized, controlled group cognitive behavioural therapy for Internet addiction in adolescent students in Shanghai[J]. Australian and New Zealand Journal of Psychiatry. 2010. 44(2).